��� �� ���� ������

Khoon se Likhi Azaadi: The Test of Freedom 1757 – 1947, Volume 1

sodha iqbal Kasam

Published by sodha iqbal Kasam, 2026.

��� �� ���� ������

First edition. February 26, 2026.

ISBN: 979-8224992874

Written by sodha iqbal Kasam.

��� �� ���� ������

1757 �� 1770 ���� ��� �������� ����� �� ���� ������ �� ���

�� ��� ������ ������ ��� �� ������ ���������� ���� �� �� ������� ���� ������ ����� EIC �� �� ������ ��������� ���� �� ���������� �� ������ �������� �� ��������� ����� ��� ����� ��� ����� �� 1757 ��� ������ �� �������� ����� �� ���� ���� �� 1770 �� ��������� ���� ����� ���� �� ������ ���� ���� �� ���� ������ �� ���� �� ������ �� ��������� ���� �� ���� ��� �� ��� ������ ���� �������� ������ �� ���� ������ ����� �� ������ ���

��� �� ���������
���������� ��
����������� 1757–1765

1 ������� �� ����� 1757 ��
����� �� ���������

���� ��� 23 ��� 1757 �� ������ ������ �� ������� ��� ����� EIC �� ���� �� ������ ��� ����� �� ���� ������������ �� ���� �� ��� ����

����� �� ����� �� ����� ���� �� ���� ���� �� �������� ����� ��

����� �� ���� �� ����� ��� ����� ��� �� ���� �� ����� ����� �����

����� ����� ���� �� ������� ��� ���� �� ��� ��� ���� ��� ������ ������� �� ����������� ������� ���������� �� ������� ���� �� �������� ���������� �� ����� ����� ��

������� ������� �� ������

�������������� �� ��� ��� �� ���� ������ �� �� ��

��� ���� �� �� �������� ���� �� ��� ��� ������ �� ������� ��� ���� ���� �������� ���� 175 ������ ����� �� 25 ������ ������ ���� �� ������ �� �������� �������� ������� ������ �� 24 ������ ���� �� ������� �� ��� ����� ���� ���

������ �� ��������� ����� ��������� �� ��� ��� ���� ����� �������� ��� �� ���� �� ������ ��� ���� ������ �� ��������� ������� �� ���������� �������� �� ����

2 �������� ������� �� ��� �� ���������� ���� ����� 1757–1764

��� ���� **1757–1760** ����� ������ �������� ������� �� ������� �� ������� ������ ������� �� ���� ���� �� ��� �� �� ������� ���� ���� ���

����� ����� �� ����� ���� �� ���� �� ���

��� ����� 1760–1763 ��� ���� ������ ������ ���� � �� ���� �� ��� ��� ����� �� ������ �� ������� ��� ���� ���� ����������� �������� ����� �� ������ ���� ���� ���� ������� ������������ �� ������ ������������ �� �� �� ����� ����������� ������ ����� �� �������� �� ����� �� ����� �� �� ������� ������������ �� ������ �� ��� �� ��� ����� �� ���� ���

������ ����� �� ��� ����� �� �� �� ��� ���� ����� ����� �� ������ ���� �� ��

3 ����� �� ����� 1764 �� ������ �� ��������

���� ��� 22 �������� 1764 �� ��� ����� ��� �� ���� ������������ �� ���� ������ ��� ��� �������� �� �������� ���� �� ������� ������ �� �������� ���� ������ ���� �� ��������� ��� �� ��� ����

����� ������� �� ������� ������ �� ����� ����� ���� �� ����� ���� �������� ������� ������� �� ������ �� ����� ����� ���������� �� �������� �� ����� �� ���� ���� ���� ����

����� �� ����� �� ����� ����������� �������� ��

������ ��������� �� ���� 1765

���� ������� ��� ��� �������� �� ����� �� ������ ����� �� ������� �� ������ ������� ������ �� ������ ������ �� ���� ��� ������� �� 26 ��� ����� �� �������� ����������� �� ���� ����� ���

��� �� ���� �� ���� �������� ���� ���� �� �� �� ������� ������ �� ���

4 ����� ���� ������� �� �������� 1765–1772

�� ���� �� 1765 ��� ������� ������ ������ ���� �� �� �� �� ��� ������� �� ������ �������� �� ������� �� �������� �� ���� ��� ��

�� ���� ��� ���� ������ ���

������ ������ ������ �� ������� ��������� ���� ��� �� ����� �� ��� ��

������ ������������ ����� �� �������� ������ ��������� �� ����� �� ��� ���� ��� �� ��

������ ������������� ����� �����

�� �������� ��������� ���� �� ������� ���� ���������� ��� �� ����� �� ��� ������ ������ ������ �� ���� ����� �� ����� ����������

[illegible]

5 [illegible]

[illegible] Revenue Farming [illegible]

[illegible]

2 �� �� ��������� 1757 �� ��� ��

��������� ���� ���������� ������ ������� ���� �� �������� �� �� �� ���������� ���������� �� ������� �� ������ �� ���� ������ �� ������� ������ ������� �� ��� �������� �� ������ ������� ���������� ���� ���� ������ ���

������� �� ������� �� ��� �� ����� 1765 �� ��� ������ �� ������ �� �� ������ ��� �� ������� �� ������ ���� ���� �� ������� ���� ������� �������� �� ������� �� ��� ����� ���� �� ����

����� ���� ���� �� �� �� ���� ������� ��� ���� �� ���� �� ���� ���� ��� �� �������� ������ �� ��� ������� ���� �� ����� ���� �� ����� ���� ���� �� ��� ������� ��� ����� ������ �� �� ������ ���������� �� ���� ��� ������ �������� �� ���� ��� ������ ���� �� ���� ��� �� �������� �� ��������� �������� �� ���������� ��� ������� ����

3 ������� �������� �� �������� ��������� �� �����

����� ����� ����� ������� �� ��������� ������ ����������� ��

���� ������ ������� �� ���� ���� ������� �� ��� ����� �� �������� ����� ���� �� ����� ��� ������� ������������ �� �� ��� ����

������ ������������ ����� ����� �� ����� ���� ����� ����� �� ����� ������� ������ �������� ������� ������� �� �� ����� ���� ����� �� ���� ����� ��� ���� ��� ���� ����� �� ���� ������ ������������ ����� ���� ���

�������� ����� ���������� �� ��� ������ �� ������ ���� ������ ������� �� ���� �������� ������� �� ���� ����� ������ ����� �� �� ���� �� �������� �� ��� ��

4 ����� �� �������� �� �������� �� ���

����� ������� ����� �� ����� �������� ������� �� ����� ������� �� ��� �������� ������ Bonds ���� �� ��� ����� ���� ��� ������ ������ ���� Advances �� ���� �� �� ��� ������ ���� ������� �� ����� ������ �� �� �� �������� ��� �� �� ������ �� ����� �� ��� ����� ���� ���� ��

�������� �� ����� ���� ����� ������ �� ����� �� ����� ���� �� �� ����� ������ �� ���� ���� ��

[illegible]

[illegible]

1 [illegible]

[illegible] 1769 [illegible]

[illegible]

[illegible]

[illegible]

[illegible]

������ ����� �� �� ���� �� ������ ���� �� ���� ����� �� ��� ��������� �� ������ 1770 �� ���� ���� �� ����� ����� ��� ������ ����� ���� �� ����� ��� ���� ��

2 ��� �� ������ �� �����

������� ������ ������ �� �� ����� �� �������� ����� ���� 1 ����� ��� ������ �� ���������� �� ����� ��� �� ��� ��� ��� ��

������ ����� ���� �������� ���� ��� ������ �� �� ���� �� ����� ������ ����� �� ���� �� ���� ���� ���� ��� ������� ������ ����� �� ��� ��� �� ���� ��� ��

����� ���� ���� �� ����� �� ������� ���������—������ �� ������—�� ����� �� ���� ���� ������� ��� ������ ������ ��� �� ����� �� ������ �� ������ ���� ���� ���

1 ������ Nabobs �� ���

�� ��� �� ������ �� ����� ����������� �� ��� ��������� ���� ���� ���� ���� �� �� ���� ��� ������ �� ���� ������ �� ���� ��������� �������� ������ ���� �� ��� ������� ���� �� ��

��������������� ���� ���� �� ����� �������� ����� ����� ����� ����� ��� �� ����������� �� �����

�������� ������� �� �������� ���������� �� ���� ����� �� ������� ����

������ �� ��������� �� ������� �� ���� �������� �����

������� ������ �� ���������� ��������� �� ���� �����

2 ������ ������ ��
�������� �� ���

������� �� ������� ������ ���� ���� ���� �� ������ �� �� ��� �� ����������� �� �� ������� ������� �� ������ ������ ��� ���� ��� �� ����� �������� ��� �� �� ����� ����� ���� ������ �� ��� ��������� ��� �� ���������� �� �� ������ ���� �� ���������� ������ ���� �� ���� �� ���� ������ �� �������� ���� ���� ��������� �� ��� ���� ��

3 ����� �� ���� �� ���

����� ���� �� ��� ����� �������� ������� ����������� ����� �� ��� �� ���� ����� �� �������� ��������� ���� ��� ��� ������� ������� ��������������� ���� ��� ������ �� ����� �� ��� ���� ����� ��� �� �����

����� ����� �� ����� ����� �� �� �� ���� ���� �� �� ��� ���� �� �� ���� �� �������� ������� ������ �� ����� �� ���� ��

1 ���� ���������� �� ���

1765 �� �������� �� ���� �� ��������� ���� ������� �� ������� ��� �� ����� �� �� ��������� ��� ��� ���� ���� �� �������� ������� ����� ����� �� �� ���� ��� �������� ������������� ����� �� ����� ����� �� ������ ��

2 ��������� ��������� �� ����� ����

����� �� ��� �� ���� ��� �� ���� �� ��� �� ���� �� ����� �� ������ ��� ���� ����� �� ����� ���� �� ������� �������� �� ���� �� ����� ������ ����� �� ��� ��� ������ ���� ����� ��� ���� ����� ������ �� ����� ���� **Subsidiary Alliance** �������� �� ����� ������� ���

��������

1757 �� 1770 �� ��� ���� ��� �������� ����������� ��������� ���������� �� ��� �������������� �������� �� ��� �� ������ �� ��������� ����

���� ����� �� ������ ������ ������ ���� �� ������ ��� ����� ���� �� �������� ��� �� ������ ���� ����� ���������� �� ���� �� ����� �� ������� �� ���� ���� ���� �������� �� ���� �� ���� �� ����� 1770 �� ���� ���� �� ��� ��� ������ ���

1770 �� 1780 ��� �� ������ ������� �� �� �������

1770 �� 1780 �� ��� ���� ����� �� ����������� �� ��� �� 1770 �� ����� ���� �� �������� �� ����� �� ����� ���� �� ������ �� ����������� �� ����� �� ���� ����� �������� ����� �� ���������� ���� �� ��� ����� ���� ���� �� ��� ��� ����� �� ��������� ���� ���� ���� ������ ������ ������� ��� �� ����� ���������� ���� �� ����� ���������� ����������� �� ��� ��� ����� ������ �� �������� ������ ���� �� �� �������� ��� �������� ���� �� ����� ��

1 1770 �� ���� �� ��� �� ������

���� �� ����� ���� �� ��������������� ����� �� ���� ���� ����� ������� �� �� �� ���� �� ����� �� �� ���� �� ��� �� ���� ������� �� �� �� ����� �� ������� ����� �� ���� 1771 ��� 1768 �� ����� ��� ���� ����� �������� ��� �� ���� �� ����������� ��

����� �� �������� ���� ����� �� �� �� ������� �� �������� ������ ��� 1772 �� ����� �������� ���� ��� �� ���� ���� ��

�������� ����������� �� ������ ����������� �� ��� ��� ��� ������ �� ������ ��� ����

����� ���� ����� ���� �� ���������� �������� �� ����� ����

������� �� ��� ����� �� ����� ���� ��� ���� �� �� �� ��������� �� ����������� �� ���� ������� ���� ���� ���

���������� �� ���� 1772 ��� ����� ������� �������� ����� �� 10 ��� ����� �� �� �� ���� ����� ���� ����� ��� ���� �� �������� �������� ������� ����� EIC �� ����� ������� �� ���������� �� ����� �� ���� ����� �������� ��� ����������� ������� ��� ���

2 ����� ������������ �� ���� 1772 �� ���������� ��������

�������� 1772 ��� ����� ���������� �� ����� �� ������� �������� ���� ��� ���� ��������� ����� ����� EIC �� ����� �������� �� ����������

1772

3 1773

��������� �� ����� �� ����������� �� ���� �� ���� ��� ���� ���������� ����������� �� ���������� ���� ��

�������� ����� ��� ������� ������ �� �������� �� ���������� �� ��������� ����� ������ ���� �� ��� 1774 ��� ������� ��� �� ������� ����� �� ����������� �� �������� �� ��

�� ����� ����������� �� �� �������� �� ������ �� ������ �� �� ����� ���������� ����� �� ������ ���� �� ����������� �������� ��� �� ��������� ��� �� ���������� ���������� ����� ��� ��� ����

1 ����� Council �� ���� ������ 1774 �� ��� ��

������ ����������� ���� �� ������� ��� �� ���� ���������� ���� ���� �� �� ����������� �� ���� ����� �� ����� �������� ����� ��� �� ����� ��������� �� ������� ����� �� ����� ���� ����

������ �� ������ ������ �� ���� ���������� ��������� Paralysis �� ������ ���� �� �� �� ����������� �� ������ ����� ��� ����������� ������ ��� �� �� ������� ����� ��� ��� ��� ��� ���� ��� �� ��� ��� �� ���� ������� ������ ��� ������ �����

2 [illegible]

[illegible]

3 [illegible] 1775

[illegible]

����� ����������� �� ����������� �� ������� ����� �� ����� ������

������� ����� ������ �� ��� �� ��� ��� ��������� �� ��������� Forgery �� ������ ������ ��� �� �������� �� ����������� ��������� ������� ������� ������� ������ �� �� �� �� ������ �� ����������� ������� ����������� ������ ������ �� ��� �� �� ������������ �� ������ ������ ��

������ �� ������ �� �� ��� �� ���� ������������� ������� ��� �� �� �� ��� ������� ��� �� �� �������� ������—�� ��������� ����������—�� ��� ��� ���� ��� ������ ������ ������������ �� ���� ����������� �� ��� ������ �� ��� ���� �� �������� �� ��� ��������� ������ ���� ���� �� �������� ��� ����������� ����� ������ �� ������ ������ ��� ����� �� ������� ������� �� �� ������ �� ������� �� ������������� ��������� �� ������� �� ���

1 ����������� ���� ������� ��������� Quinquennial Settlement

�� ���� �� ������� ������ �� ������� ���� �� ���� �� ������ �� ������ �� ��� ������������� �� �� �������� ���� �� ���� ���� ������� ������� �� ������� ���� ��� �� ���� 1772 �� ���

���� ���� ���� ����� ����� ������ �������� �� ����� ���� ���

�� ����� ���� ��� ���� ����� ���� ����� �������� �� ������� ���� �� �������� ��������� �� ��� ����� ���� �� �������� ���� ���� ���� ���� �� �� �� ���� �� �� ���� ������ ��� ����� ��� �� �������� �������� ���� ���� ����� ������ �� ������ �� ���� ����

������ �� ������ ���� ��� ����� ������� ��� ���� ���� ���� ��� �� ����� �� ��� ������� �������� ���� ��� ���� ��� ��� �� ��� ��� ������� �������� �� �� ������ ����

2 ������� ������� �� ������ ����

�������� �������� ����� �� ��� ���� �� ������ �� ������ �������� �� ���� ����� ���� ���� ��� �� �� �� ���� ����� ����� ���

���� ������� ����� �� ����� �� ����� ��� ���� ������� �� ���� �������� ������� ���� ���� ��� ��� ��� �� ��� �� ���� �� ��� �� ������ �� �� ������ ������� �� �� ����� ����� �� ��� ���� ���� ����������� ������ �� ���� ���� ��

����� ������� �� ������ �� �� �� ����� ��� ����

�� �� ������ ��������� ��������� ���������� �� ������ �� �� ������ �� ��� ��������� ������ ���� ��� ������ ������ �� ����� ������� �� ��� ������ ����� ������ ��� ���� ���� ���

1 �������� ����� 1774

������ �� �� ���� ����� ��� ���������� �� ��� �� ���� ����������� �� ���� ���� �� ���� ����� �� ���� ������ �� ���� �� ������ ����� ������ �� �������� ����� �� ��� ���

������ �� ������ ���������� �� ��� �� ������ ����� ���� �� ��� ��� ���� ������ ����� ��� ������ ��� �� ���� �� �� ��� ���� �� ����� �� ��� ��� ���� ��� ����� ����� �� ���������� �� ���� �� ������� ���� �� ��� ��� ���������� �� �������� �� ����� �� ������ ���� ���

2 ����� ����������� ����� 1775–1782

���� ����� �� ���� ��� �� ����� �� ����� �� ����� �� ������� ������ ��� ������ �� ����� ���� �� ����

������� �� ������� ���� ������ ��� ������ ������� ������ ������� ���� ��� ������� �� ������ ��

���� �� ���� **1775** ������ ������� �� ��������� ��� �� ������ ���� ��� ������� �� ������ �� ����� ������ �� ������ ������ ���� �� ���� ����

������ �� ������ **1775–1780** ������ ��� ��������� �� ���� ��� �� ������ ������ �� ���� �������� ���� �� ����� �� ������ �� ������� ��� ��������� ������ ����� �� ��� ��� ����� �� ��������� �� ����� ������ ���� ��� ����� ��

3 ������� ��������� ����� 1780–1784

���� ����� 1780 ��� ���� ��� ����� ����� ���� ��

������ �� ���� **1769** **�� �������** �� ������ �� ����� �� ���� ���� �� ��������� �� ���� ��� �� ������ ���� ��

���� �� ����� **1779** ��������� �� ��������� ������� ���� �� ����� �� ���� �� ���� ��� �� ������ ������� ��� ��

������ ���� ��� �� ���� ������ �� ����� �� ������ �� ��� �� ��������� ������� ������ ������ �����

����� �� ����� �� ����� �� �� ��� �� ������� �� ����� �� ��� ����� ����—������ ��� ������ �� ����� �� ������ ��� ����� �� ����� ����� ���� ������ ��� �� ����� ��

��������� ���������� �� ��� 1770–1780

1770 �� 1780 �� ��� ���������� ����� �� ��� �� �� ��� ����� ���������� �� ��� ����� �� ������� ���� ������ �� ���������� �� ��� ����� �� �� ������ ����� ��� �� ���� �� ���� ��������� �� ���� ����� �� ��� ������ �� �� ��

�������� ������ 1773 �� ���������� ���� �� ���� �������������� �� ����� �� ���������� ������� ��

��������� ������ ������� ������� �� ������ ������ �� ����������� �� ������� ��� �� ���� ���

����� ������ ����� �� ���� �� ����� ������� ����� �� ����� �� ��� ����� ���� ���� ����� ��� �������� ����� ����� �� ��� ��� ������ ����

1780 �� 1790 ������ �� ���������� �� ������� ���� �� ���

1780 �� 1790 �� ��� �� ��� ������ ������� �� �������� ���� ������� ������ EIC �� ��� ���� ���� ����������� �� ������ ������ �� ������ ���� ��������� ������� �������� �� ���� ��������� ������ �� ���� ������� �������� ��� �� ���� ������� ���� ������� ��������� �� ���� ���������� ������� ���� ����� ����� ����� ������� ���� **1784** �� ���������� ����� ���������� �� ��� ��� �� ��������� ������� ��� ���

1 ������� ����������� ����� 1780–1784

��������� �� ����������� 1780 ��� ���� ��� �� ������ �� ������� ����� ���� �� ������ �� ����� ��� �� ������������� �� ������� �� ���������� �� ���������� ����� ����

������� �� ������ ������� ��� ���������� �� ���� ����� �� ������ ����� ����� ����� ��� �� 1780 ��� ������� ��� �������� ����� �� ���� ��� �� ��� ����� ������ �� ������ �� ���� �� ������� �� ��������� �� �� �� ������� ��� �������� ������ �� ��� �� ������ ���� �� ������ ������� �� ��� �� �������� ������ �� ������ �� ������ �� ��� ������ ����

���� ������� ���� �� ��� ��� �� ���� �� ������� �� ������� ��������� 1781 ��� ������� ���� ��� ����� ��� �� ������ ������ ��� �� ��� ����

������������ 1782 ��� ����� ��� �� ������ �� �� �� ����� ����������� � ������������ ������ ���� ������� �� ������ ���� ���

��������� ������ 1784 ��� ������ �� ���� �� ��� ���������� ��� �� ������� ��� ������ ����� ������ ���������� �� ����� ����� �� ����� ��� �� ���� ����������� �� ������� ��

�� ������ �������� ��� �� �� �� ���� �� ������� ����� ����� �� ���������� �� ���� ������ ����� �� ����� ���� �� ���� ������� �� ������� ��� �� ��� ����

2 ����� ���������� ����� �� ����� 1782

������ �� ��� ���� ��� �� �� ��� ����� ���������� ����� ����� 1782 ��� ������ �� ���� �� ��� ������ ���

������ �� �����

����� �� ������ ��� ������ �� ��� ���� ������ ���� �� ����

������ �� ���� ��� ������� �� ����� �� ��� ��� ������� ��

��������� �� ������ �� ��� �� ������� ����� ������� �� ���� ��� ���

������� ������ �� ���� �� ��������� �� ���� ������� ������ ����� ������ �� ��� ��� ��� �� ����� ������ �� �� ����� �� ����� �� ���� ����� �������� �� ���� ��� �� ����� �� �������� ���� �� ����� ��� ���� ����� �� ����� ���� �� ������ �� �� ���� ���������� �������� �� ��� ���������� ��

3 ���������� ������� �� ���������

�� ��� ��� ���� ��� ��������������� ���������������� �� ������ ��� �� ����� ��� �� ������� ����������� �������� �� ��� ��� ���� �� ������� �������������� �� ���� ��� �� ������������ �������� ������� ������� �� ������ ������ �������� �������� ������������ �� ���� ������� �� ������� �� ���� ������ �� ����������� �� ��� �� ������ �� ����� ��� ����� ���� �������� ���������������� �� ������ � ���� ����

1 ��� �� �������� Regulation �� ��������

1773 �� ������������ ���� ���������� ������ ��� �� ������ ���� ����������� ����������� �� ���� ������ �� ��� ���������� ������� �� ��� �� ������������ ������ ��� ������� ����� �� ���������� ������ ��� ���� ��� �� ���������� ���������� �� ������ ���� �� ���� ������� ��������� �� ����� ��

2 [illegible] 1784

[illegible]

[illegible]

Dual Control

[illegible] BOC [illegible]

[illegible] COD [illegible]

[illegible]

[illegible]

������� ������� ��� ��� ����� �������� ���� ���

����� �� ������� �� ����� �������� �� ����� ���� �� ������� ���� �� �� 1858 �� ��� ����� ����� �� �� ������� ����� �� �� �� ���� ��� �� ������� ���� �� �������� ��� ��

1 ���� �� �������� 1788

���� ������������ �� ��� ����� ���������� 1773–1785 �� 1788 ��� ���� �� ������ ��� ����� ���� �� ���� ������ ���� �������� ������ ��� �� ������ �� ���� �� �������� ����� ���

����� **������** **����** **����** **��**

�������� **�����** **1774** ����� ���� �� ��� �� ���� �� ��� ����� �� ������� �� ��� ��� �����

�������� **��** **�����** **1775** ���� ������� ����� ���� ���

��� **����** **�����** **��** **����** **�����** ����� �� ���� �� ������� �� ���� �� ��� ����� ����

��� **��** **����** ��� �� ����� ������� �� ������������� �� �����

����� ��� ��� �� ��� �� �������� ������ ���� �� ������ ����� ���� �� ����� ������������� ���� �� ������� �� ������� ��� �� ���� �������� �� ����� ��� �� �����

���� �� ���� ���� �� ����� ����������� �� �������� �� ������� ������� �� �������� ���� ��

������� ����������� �� ������ 1795 ��� ��� �� ���� ��� ������ �� ������� �� ������ ����������� �� ���������� ����������� �� ������ �� ���������� ������� �� ��� ��� ������ ����� ������ ����������� �� ����� ��������� ���� �� ������ �������� ���

1 ����� ����������� �� ���� 1786

������� ������ ����������� �� 1786 ��� ����������� �������� ���� ��� ������� �� �������� ��������� �� ��� �� ����������� �� ����� ����� ��� ������� ���� �� ������� �� ��������� �������� ���� ������� �� ��� ������ ���

������� ����� ����� �������� �� ����� ����� �� ������ �� ��� ����� ������� �� �� ������ �� ������� ����� �������� ���� ��

2 ��������� �� ������� �����

������� �� ��������� ����������� ����������� ������ �� ��� ���� �� ��������� ����� ������� ������� ���� �������� �� ����������� ��

���� �� ������������ �� ���� ���� ���� ����

����� ���� ��������� ��������� ������ ���� ��� ��� ICS �� ������� ��� �� �� �������� �� ������ �������� �� �������� �� ���� �������� ������ �� �� ������ ��

��������� �� ��������� ��������� ������� �� �������� �������� �� ���������� ��� �� ��� �� ���� �������� �� ������ ������ �� ���� ������� ������ �� ���

������� �� ��������� ��������� �������� �� ������������ ���� �� ���������� ���� �� ���� ������������ ��� �� ��� ��� ���� ���

3 ������ ������ ��������� �� ��

������������ �� ������������ �� ���������� �������� �� ��������� �� ������ ��� ����� �������� ��� �� ����� ������� �������� �� ������ ��� ����� ��� ������ ������ ��� �� �� �� ��������� ���������� �� ��� ���� ��� �� ������� �������� �� ��� �� ���� �� ��������� �� �� �������

������ **1790** 1790 ��� �� ������� �� ��� ���� ������� �� ���� ���� **��** **������** ��������� **Decennial Settlement** ���� ���� ��

������� ���� ��� ���� ��� ��� ������ Permanent ����� �� ������ ��

��������� ���������� �� ������ ���� 1780–1790

1780 �� 1790 �� ��� ��������� �� ������ ��� �� ������ ���� ��� �� ������� �� ������ ���� ���� ���� ���������� ��� ��� ���

���������� ��������� ������ ������� ���� �� ������ �� �������� ������ �� ��������� ��������� �������� �� ����

����������� ����� ��������� ��������� �� ��� ����������� �� ��������� �� �� ������ �� ����� ���������� ������������� �� ���� ������ ����

��� �� ���� ���������� �� �������� �� �������� ��� �� ������� ��������� �������� �� ������� ����� ����� ���

1790 �� 1800 ������ ���������� �� ������ ������

1790 �� 1800 �� ��� �������� ���� ������� ������ EIC �� ������ �� ��������� ���������� �� ��� ������������� ���� �� �� ������ ������������ �� ��� ����� ������������ �� ������ ��� �� ��� ���� ��� �� **������** **���������** �� �������� �������� �������� �� ��� ������� ��� ������ ������������� �������� �� ���� �� ���� �������� �� ���� ���� �� ������������ �� ����� ������� �� �������� ������ ��

1 ����� ���������� ����� 17901792

���� ����� �� ���� ���� ������� ������ ��� ������� ������� �� ����� ��� ����� ���� ���� �� ����� �� ���� ��� �� ���� �� ������� ������ ������� �� ���� ���� ����� 1784 �� ������ �� ���� �� �������� ���

������ ���������� �� ����� ������� �� ��� ��� ����� ���� ��� ����� ���������� �� ��������� ��� �� �� ������ �� ������� ���� �������� ������ �� �������� �� ����� �� ��� �� ���������� ������� ������ Triple Alliance �����—�� �� ������������� ��������� ��� �� ����� ���� �� ������ �� ����

���� �� �������� ��������� �� ���� �� ������� ������������� �� ������������ �������� �� ����� 1792 ��� �������� ������������� �� ���� �� ��� ������ ���

������ �� ���������

��������� ���� ���� �� ���� ��� ����� ����� EIC �� ���� ��������� �� ������ �� ��� ����� ���� ���

������ ����� ��� ₹33 ����� �� ���� ����� ������������ ���� ���� �� ��� ����� ���� ��� �� �� ��� ���� ���� ���� ��� ��

�������� ����� ���� �� �� ������� �� ���������� �� �� �� ���� ����� ��� �� �� �� ������������ �� ���� ������ ���� �� ���� ��� �� ���� �� ����� �� ����� ��� �� ����� �� ���� �� ����� �� ������ �� ������ ��� �� ��� ��� ����

2 ������ ����������
����� 1799

���� ����� ������� 1798 ��� ����������� ��� ����� ��������� �� ����� ������������ �� �������� �������� �� ���� ������ �� ��� ���� �� ������ �������� �������� �� ����� ���� �� ������� ���� �� ���� ����� �� ���� ��� �� ����������� ���� �� ��� ��� ����

����� ��������� �� ������������� �� ��� ���� �� ��������� �� ���� �� �������� ���� �� ��� ��� �������� ���� �� ���� �� �� ���� ����� ���� ������� ���

����� ����� ����� ����� �� �������� �� ���� ����� ����� �� ������� ��� ������� ���� �� ������������� �� ��� ����

�������� �� �������� ���� ������� ������� �� ���� �� 4 �� 1799 �� ���� ������� �� ����� ���� ��� ���� ���

��� �� ��� ��������� �������� ��� �� �������� �� ����� ����� ��� ������ ������ �� ������ ����� �� ������� �������� ��������� �� ��� �� ������� Princely State ��� ���� ���

�������� ��������� ������ �� �������� ����� ��������� �� ������ �� ����� �� ������ �� ��� ������� �������� ��� ������ ������� ����� �� �������� ��������� ���������� �� ��� �� ������ �� ������� �� ��� ������ �� ���� ���� ��������� ��

������� ������� ��
��� ������ ��������
17981805

1 ����� ���� Subsidiary Alliance �� ����

�� ���� �� �������� ������ ���� �� �� �� ������� ���� ���� ���� �� ������� �������� �� ������� ���� �� ��� ���� ��������� �������� ����� ��

������������� �������� �� ����

�������� ������ ���� �� ���� ���� ��� ���� ����� �� �� �� ������ ������� ���� ����� ���� �� ���� ������� ��� �������� ���� ����� ��

������ ���� �� �� ����� ���� �� ������ �� ���� ����� ����� �� ��� �� ���� ���� �� ���� ������� �� �� ������ ����� �� ���� ���� ���� ��

������� �������� ���� ����� �� ������ �� ���� ���� �� ������� ������ �� ����� �� ���� �� ���� ��

������� �������� ���� �� ����� ��� �� ������� �������� ������ ��� �� ����� ���� ���� �� �� ������� ��� �� ������ ����� �� ���� ��

��������� �� ���������� �� ����

���������� �� ���� ���� �� ���� ����� ���� �� ������ �� ���� ��������� �� ����� �� ����� ��� �� ������ �� �������� �� ���

�������� ��� ������ ���� �� ���� ���� �� �������� �� �������������� �� ����� ��� ����� ������ ������ �������� �� �������� ����� ����� ������ ������ �� ������ �� �� ����� ����

���������� ��� ������ ������� �� ������� �������� �� �� �� ���� ��������� ���� �������������� �� �� ����� ���������� ������� �� ������� �� ������� ����� ���

2 ����� ���� ������� ���� ��� �� ������ 17901800

��������� �� ����� 1798 ����� ���� �������� ����� ���� ����� ����� ������ ���� ����������������������� ����� �� ��� �� ����� ��� �� ����� ������� �� ��� ��� 1800 ��� ��������� ����� ���� Ceded Districts ���� ���

����� 1799 ������� �������� ���� �� ���� �� ��� ������ ����� ���

����� 1799 ���� �� ��������� �� ���� ��� �� ������ �� ����� �������� ��������� ��� ����� ���

���� 1800 ��������� �� ���� �� ������ ���� ��� ����� ��� �� ���� �������� �� ����� �� ����� ���

��� **1801** ������� ������� ���� 1801 ��� ��� �� ��������� �� 1790 �� ��� �� ���������� ��� ��� �� ���� �� �������� ���� ������ ���� �� ���� ��

1 1793 �� ������� ���������
Permanent Settlement

�������� ������������ ����������� �� ��� 1790 �� �� ������� ��������� �� �������� ��� �� 1793 ��� ������ ������ �� ������� ��� ������� ��������� ��� ��� ���� ���

�� ���� �� ���� ���� ������� �� ���� �� ������� ��� �� �� �� ���� �� ���������� �� ���� �� ��������� �� ������� ����

���������� �� �� �������

���������� �� ������� ������ �� ���� �� ���� ���� �� ���� ��� ������ �� ���� 1011 ������� ��� ��� �������� �� ������ ���� �� ���������� �� �������� ���� �� ������� ���� ��� ���� ���� ���������� ����� **Sunset Law** �� ���� �������� ����� ����� �� �� ���� �� ���� �������� �� ��������������� ������������� �� �� ��� ���� ���� ����

������� �������� �� ������� ��������� ����� ���� ��� �� ���������� �� ��� �� ���� ��� �� ���� ��������� ������� ��������

������ �� �� ������ ���� ���� Cesses �� ������ �� ����� ���� ���� ����� �������� ��������� ��� ������ ����� �� ������ ��� ���

2 ����������� ��� 1793

������� �� ��������� ���� ��������� �� ������� ����� �� ����������� ��� �� ��� ��� ������� ��� ���� ���

����� �� ���� ���� ���������� ��� �� ���������� ���� ��� ���������� �� ���������� ����� �� ����� ��� �� ���� ������� ���������� ����� ��������� �� ���� ��� ��

�������� �� �������� ��� �� ������ �������� ������� �� �������� ������� ���� ��������� �� ��� ���� �� ����� ��� ����

����� ���� ���� ���� ���� �� ��� ��������� ����� ���� ��� ��� ICS �� ��������� ��� ���� ����� ��� ���� ���� �� ���� �������� ����� �� ���� �������� �� ��� �� �������� �� ���� �������� �� ���� �� ���� ���

1 ������ �� ������ �� ����������

���� ����� �� ����� �� ��� ���� �� �� ����� �� �� ��� �� ���� �� �����

������ ��� �� ���������� ��������� ������ �������� ������ ������� �� �� ���� ������� ��� ��� �� 1800 ��� ���� ������ �������� ���� ������� �� ������� �� ������ ������ �� ������ ���������� �������� �� ��� ���� ������ ��� ������� ���� �� ������ ��� ��������� �� ��� ����� ��� ������ �������� �� ������� ��� �� ���

2 �������� ���� �� ������ ��

�������� �� ������� ������� ������ ������� ��� ������ ������� �� ������ ������ ������� �� ������� �� ������ �� ��� ���� ������ �� ���� �� ���� ������ �� �� ��� ��� �������� ���� �� ���� �� ������ �� �� �������� ����� �� ������� �� ����� ������� �� ������� �� ������ �� �� ���������� ���������� �� ������ �� ������������� �� ����� ���

3 ���������� ���� �� �������� ��� ������

�� ��� ������� �� ����������� �� ���������� ���� �������� �� ������ ������ �� ������ �� ������������ �� �������� �� �������������� ��� ���������� ��������� ���������� �������� �� �� ������� ������� ��� ��

��� ����� ������ ������� ���� �� ����� �� �� �������� ����� �� ������ ��

1800 �� 1810 ��������
���� �� ��������� �� ������������

�� ��� ������������ ������ ���������� 17981805 ������� ����� �� �� ������������� �������� �� ������������ �� ������� �� ������ �� ������ ����� �� ������ �� ������ �� ��������� ����� �� ��� ������ �� ������ ������� �� �� ����� ������� ������—�� ������ �������� �������� ������ �� ���������� ������� ��

���� ��
�����������—������� ����������� ����� 18031805

������ ������� �� ������ �� ��� �� ����� ������������ ����� �� �� ��������������� ����� �� �������� ����� �� ������ ����� �� ��� ������� ������ ������ ������� ��

1 ������ �� ���� �� ���������

������� �� ������� 1800 ��� ����� �������� �� ������� �� ��� ������ ������� ������� ��� ��� ��� ��� ������� ������ ������—����� ��� ������ ���������� ��� �������� ������ ��� ������ �� ������� ���

������—�������� ����� ����� �� ��������� �� ��� ��� ��� ������ ���

��������� �� ���� ������ ��������� �� �� ��� �� ������ ������ �� ������ ���� ������ �� ��� ����� �� ��� ��� ���� ���� ������� ���� ������ ���� ������ ���� ������� �� ������ ������� ��

2 ������ ����—������ �� ���� 1802

���� ��� ������ ��� ������ �� ������� ������� ���� ��� ������ �������� �������� �� ����� ��� �������� �� �������� ������� �� ������ �� ��� ������ ������ �������� �� ��� ����������� �� ��� ��� ���

������� 31 ������� 1802 �� ��������� �� ���������� �� ��� �������� ������ �� ���� �� ���������� ��� ��������� ������ ���� �������� �� �������� ������ �� �� ������� �������� ����� �� ������� �� ������ ������� ��

������ �� ���� ������ ����������� �� ����������� Death Warrant �� ��������� �� ��� �� ��� ���� �� ��� ��� ���� ������ ���������� �� ���� �� ���� ������ ������ �� ������ �� ���� ���� ���� ������ �������� �� ���������� ���������� �� �� ������� �� �������� ���� �� ������ �� ���� ������ ���� ������ ���� ���

2 ����� �� ��������� 18031805

����� EIC �� �������� ������� ������� ����� �������� ������ ��� �� ������� �� �������� �� ���������� �� ����� �� ��� �� �������� ������� ����� ������ �� ��������� ������� ��� ����� �� �� ��� ���

��������� ������ �� ������ �� ������� �������� �� ����� ��� ������� ������ ��� ��������� �� ��� ������ ��������� ������� �� ������ �� ��������� �� ������ ��� ����� �������� ��� �� ����� �������

������ ��� ������ ��������� �� ���� 1803 �� ������� 1803 ��� �������� �� ������� �� �������� ������� �� ����� ���� �� ������ ������ ������ ������� ������ ������� �� �������� ����� ���� �� ������ �������� �� ������ �� ������� ���

������ ��� ���� ��� �� ������� �� ������� �� ������ �� ����� ��������� ������� 1803 ��� �������� �� ����� �� ������ �� ��� �������� 1803 ��� ������� ��������� ��� �� ������� ����� ����� ������� ��� ��� �� ��������� ��� �� �������� �������� ��� � �� �� ������ ���� �� ������ �� ������������ �� ������� ��

����� �� ������� 18041805 ����� �� ������ ��� ������ ������ ��� ��� �� ������ ��� ����� ������� �� �������� �������� ������ Guerrilla Warfare �� ������ ������ �� ����� ������� �� �������� ����� ��� ������ �� ������ ������� �� �������� ����� �������� ����� �� ������ ������ �������� �� ����� ��� �� ����� �� ��� �� ������ ��������� �� ����� ������� �� ����� ���

3 ������� �� ������

������� �� �������� �� ������� 1803 ������ �������� �� ��������� �������� �������� ����� �� ���� ������ ����� ��� ������� �� ��� ������� �� ���� �� �������� �� ��� ��������������� �� ����� ���

���������� ������� ������ �� ������ �������� �������� ��� ������� ������� �� ������� ������ ������ �� ������� �� ��� ����� ������ ��������� �� ��� �� �������� �� ������ ���� ����� �������� ������� ����� �� ������� �� ������� ������ ��

������ ����� ������ �������� �� ������ ����� �������� ����� �� ��� ������ ����� ���

������ �� ��� 1805 �������� ������ �� ��� ��� ��� �� ������ ����� ��� ������ 1805 �� ������� �� ������� ��������� ��� ���� ��� �� ���� ���������

����� ��� �� ����� �� ����� �� ���� ���� �� ��������� ������ ��

���������� ��
��������� ��������

�� ��� ��� ������ ���� �� ������� �� ����� �� �������� �������� �������� �� ����� ���

1 ��� �� ������� 1801

����� ������ ��������� �� ����� ���� �� ��� �� ���� �� ������� ��������� �� ������� �� ������� �� �� �� ��������� ��������� ��� ��

1801 �� ���� ���� �� �� �� ������ ���� �� ���������� ���� �� ��� ������ ���� ���

��� ������ �� ������� ������ ���� �� �������� ���� ��� ���� �� ������� ���� �� ��� ����� �� ��������� �� ����� ���� �� ������ ���������� �� ������ �� ������� �� ��� ������ ���� ��� �� �������� ��� �� ����������� ������� ��

��������� ������� ��� ���� �� ��������� ����� �� ����� ��� ����� ���� ������� ������ �� ������ ������������ ����� ��� ���� �� ��

2 ������� ��������� �� ����

������� 1801 �������� �� ���� �� ��� ���� ��������� ��� �� ��� �� �� ����� �� ���������� �� ��� ���� ���� �������� �� ���� �� ���� ���

����� 1799 �� ���� 1800 �� �������� �� ���� ��� �� ���� �� ���� ��� �� ���� ������ �� ����� ���� ���������� ������� �� ���������� ���������� ������ �� �� ��

3 ��� ������������� �����

��� �� ��� �� ����� �� �������� ������ �� ���� ����� �� ���� �� ���� �� ������� ����� �� �� ��� ���� ������������ ��� ��� ���������� �� ������ �� ��� ����� ���������� ������ �� ���� ��

���������� �� �������� Doctrine of Paramountcy �������� �� �������� ��� �� ���������� �� �������� �� ������� ���� ���� ����� �� ���� ��� ������� �������� �� ���� ��������� �� ���� ���� ����� ��������� �� ��������� �� ����� �� ���� ��

������ �� ��������� �����

1 ��������� �� ��� ����� �� ������� ����

����� �� ��������� �� ������� �� ������� ������� �� ���� 1805 �� ����� �� ���������� �� £10 ������� �� ����� £30 ������� �� ���� �� ���

��������� �� ����� **1805** ���������� �� ���� ���� �� ������� ���� �� ���� ��������� �� ���� ��� ������ �� ������������ ������� ���� ���� ���� ���

����������� �� ��� �� ���� ���� ������������������ ����� ����������� �� ������ ����� ������� �� ������ �� �������� ���������� �� ���� ���� �� ��� ����������� �� ���� ������� �� �������� ���� ���

2 ������ ����������� �� �����

������ ��������� �� ������� ������� �� ������ �� �������� �� ��� ���������� ������ �� ��� �� ��� �� ����� �� ��� ��� �� ������ �� �� ���������� ��� ���������� ���� �� ������� ����

��������� ������� �� ��� ������ ����������� ��� ���� ����� �� ������������� ���������� ���� ���������� �� ��������� ������� �� ����� ���� �� ���� ��� ����� ���� ����� ���� �� ������ ������ �� ���� ���� ���� ���� ���

[illegible]

1 [illegible] Orientalist [illegible]

[illegible] 1800 [illegible]

2 [illegible]

[illegible]

[illegible] 1806 [illegible]

����� �� ��������� �� ���������� ��������� �� ����� �� ������� ������� ��

�������� 18001810

�� ��� ���� ��� ������� ������� �� ��������� ���� �� ������� ����������� ����� �� ����� ������� ����� ������ �� ������ �� ���� ����� ���� �� ������� ��������� �� ��� ������ ������� �� ���������� �� ������� ��� �� ������ �� ���� ����� �� ��� �������� ����� ����� ��� �� 1947 �� ���

1810 �� 1820 ����� ���������� �� �������� �� ��������� �������

1810 �� 1820 �� ��� ����� ���������� ����������� 18131823 �� �������� �� ��������� ���� �� ��������� ����������� �� ����� ���� �� ��� ���� �� �������� ����� ������� ���� ��� �� ��� �� ��� �� ����������� �� ��� ��� ����� ������ �� ����� ��� �� �������� ��� �� ����� ������ ��������� ����� ��������� ��� �� ������ �������� ���� �� ��� 1820 �� ��������� �� ���� ���� ���� �� ��������� �� ���� �� ����� ��� ������ ������ �������� ����� ��������� ������� �� ��

1 ���������� �� ��� 1817-1818

�� ��� �� �������� �������� ����� �������� �� �� ���� ��—��������� �� ����� �� ��������� �� ��� ��� �� ����� ������� �� ����� �� ������ �� ��� �� ��� �� ��������� ����� �� �� �� ������ �� �� �� ����� �� �����

���� ���� ����� �� ��������� ��� ���� ������� ��� ��

������ ���������� �� ���� ����� ��� �� ������� ��������� �� ����� ���� ������ ������� ��� ����� EIC �� ��� �������� ��� �� ������� �� ������ ��� �� ��������� �� �� �� ���� �������� ����� �� �������� ����� �� �������� �� ���������� ����� ���������� �� ���� �� �������� ��

����� ���������� �� �������� ���������� �� ������� ��������� ���� �� ��� ���� ����� ��� �� ������ ���� �������� ���� ���� ��� �������� �� �� ����� ������ ����� ������ 113000 �� ���� ������� �� ����� ���� ���

������ ������ �� ������ ������� ������ �� ����� ���� ��� ������ ������� ���� ��� ��� ��� �� �� ���� �� ��� �� 18171818 ���� ���� ���� ���� ��� ����� ������� �� ���� ����� �� �� ���� �� �� ������ ���� ���� �� ����� ������� ����� �������� ������� ���� �� ���� ��� �� ���������� ��� ��

2 ����� �� �����
����������� ����� 1817–1818

��� ���� ����������� �� ����� ����� �� ������� �� ������ ������� �� ����� ������� ���� ������ ������� �� �� �������� ���� �� ����� ���� �� ���� ������� ���������� �� ���� ���� �� �� �������� �� �� 1817 �� ���� �� ���� �� ������ ������ ������ �� ����� �� �� �� �� ���� �� �� ��� �������� �� ����� ���� ������ ���� �� ������� ����

����� ������ ������� �� ������ ���� �� ��������� ������� ��� ���� �� ���� ���� ���

����� ������—����� �� �� ��� 1818

���� ����� �� ���������� �� �������� ��� �� ������ ������������� ��� ���� ���� ���

������� �������� �� **�����** ����� �� 1818 ��� ����������� �� ���� ������� �������� �� ���� ��� ₹8 ��� �� ������� ������ �� �� �� ������ �� ��� ������ ���������� �� ����� ���

�������� ����� ������ ��������� ������ �� ��������� ������ ����� �� �� �� ��������� �� ������ �� ��� ������ �� ���� ���

3 ����� �� ������ ������

���������� �� �������� �� ����� �� ����� ������ �� ���� ��� ���� �� ������ ������� ����� �������� �� ������� ��� �� ������� ���� ����� ���� ���� ����� ������������� �� �������� ����� Paramount Power �� ��� ��� ����

��������� ��� ����� �� ����� �� ��������� �� ���� ������ ����������� �� ���� ���� �� ����� ������ ����� �� ��������� �� ��� ������ ������� ���

��������� �� ������ ������ �� ���������� �� �������� �� ��� ��� ������ ������� �� �� ������� �� ������� �� ���� ��������� ������ ����� �� ����� ������ ��� ����

1 1813 �� ������ ���� �� ������ ����

��������� �������� �� ��� ���� ���������� ������ �������� �� �� �� �� ������� �� ���� �� ������� �� ����� �� �������� �� ������ �� ���� �� ��� ��� ������� ����������� �� ��� ��� ����

����� ����� �� ��� �� ��� ��� �� ������� �� ���� �������� ���� 20 ������ �� ��� ������ ���

����� �� ��������� ������� �������� �� ����� ��� �� ������ ������ �� ��� �������� ����������� �� ������ ���� �� �������� ��

������ ������� �������� �� ���� ���������� �� �������� �� ������ ������ �� �������� �� ���� ��� ������� ���� �� ��� ���� �� ������� �� ���� ������� �� ���������� �� �������� ����������� �� ����� ���

������ ���� ��������� ���� �� ������ �������� �� ���������� �� ���� �� ������� ��� ��������� �� ����������� �� ��� ���������� �� ��� ������ ���� ������ �� ���������� ������� ������� �� ��� ���� ������� ������ ��

1 ���������� �������� �� �������� ��� Ryotwari System

���������� �� ���� ������ �� ������� ����������� ���

����������� ������ ������������ �� ������ ������������ �� ��������� ������ ��������� �� ��� �������� ��� ���������

�� ���� ��� ���� �� ������ �� ���� ������ ���� �� ��� ��������� ���� ������� ������� �� ��������� �� ��� �� ������� �� ���� �� �� ���� ��� ��

������ �� ���� ������� ���������� ��� �� ���� �������� ���� �� ��������� �� ����� �� �����

���� ������ ���� ������ �� ���� ������ ��� �� ���� ���� �� ����� ��� �� ����� �� 45% �� 55%

���� ������ ��� ���� ���� �� ����� �� ������ �� ������ ������ ��� ��� ���� ����� ��

��������� ����� ���� ����� �� ���� �� ���� ������� �� ����� ����� ���� ��������� ����� �� ���� ���� ��

2 ����������� �������� Mahalwari System �� ������������ �������

�� ������� ����� ���� �� ����� ���� �� ����� �������� ��� �� ���� �� ������ ��� ���� ��� ����� ���� ������ ���� �� �������� �� ���� ���� ��� ������ �� ���� ���� �� ������ ������� �� ������� ��� �� ������ �� ��� �� �� ���� ��

3 ������� ������� �������������� �� ��������

1813 �� ��� ������� ���� ������ �� ���� �� ������ ����� �� �� ����

���� ���� �� ����� ��������� ������� ������ ������� �� ��� ������� ������� ������ �������� �� ������� ����� �� ��� �� ���������� �� ������ ����� ��������� �� ����� ����� �� �� ����� ����� ������ ����� �� ����� ����� �� �������� ������ ����� ���

1 �������� �� �������

������ �������� �� �������� ��� �������� ��������� �� �������� ���� ��� �� �������� �� �� ��������� �� ����� �� �������� ����� �� ������ ������ �� ��������� ����� �� �� �������� ������ �� ������������� �� ��� ������� ��� ���������� ����� ��

2 ����� ���� ������

������ ����������� �� ����� ����� �� ������ ����� ������� ����� ��� �������� �� ������ ������� ������� �� ��������� ���������� �� ������ �� ������ �� ����� ��������� ������� �� ����� �� ������ �� ��� ����� �� �� ��� �� ������� �� �� ������ �� ����� �� ����� �������� �� �� ����� ������� ������� ��� ����� ����� ����� �� ���������� ��

3 ���������� ������ ������� ������������

�� ��� ���� ��� ���� ��� ���� ������ ��������� �� ��� �� ������ ��� ��������� 1815 ��� ������� ��� �� �������� �� ��� ������ ���� ���������� �� ������ ��� ����� �� ������ ������ �� ������ �� ������ �� ������ �� ������ ������������� �� ������ ������� �� ������� ������� �� ��� ������� ����

1820 �� 1830 ��� �� ���������� �� ��������� �� ���

1820 �� 1830 �� ��� ��� �������� ����� ������� ����� ���� �� ����� ��������� �������� �� ������ ����� �� �� ������������ �� ��� ����� ��������� �� ��� ��� ����� ������ ������ �� ��� ����� �� ������ ������ �� ��������� ���� �� ������ ��������� �� �������� ��� ���� �� ����� ��������� ���� �� ��� ��� ����� ���������� �������� �� ������� �������� �� ����� ���� ���� ������� ���������� ���� ���

1 ���� ���������� ����� 1824–1826

���� �� ������ �� ��������� ������ ������ �� ���� ��������� ������ ���� ��� ���� ���� ����� ������� �� �� ����� ����������� ��� ���� ������� �� ���� ���� ��� �� ����� ��� �� ��� �� ������� �� ��������� �� ���� �������� ��������� ������� �� ��� �������� �� ��� ����� ��������� �� ����� EIC �� ������ ������� �� ��� ����� ��� ��������

[illegible]

[illegible] 1826

[illegible] 13 [illegible] 15 [illegible]

2 ��������� �� ����� ������

������� ����� 18171818 �� ����� ������������ �������� �� ��� ���� ���������� ��������� �������� ����� ���� �� ����� �� ��� � ��� �� ��� ��� �� �������� �� ����� ������������ ���� ��� ����� �� ���������� ��� �� �� ������ ����� ����� �� ����������� �� ��������� �� ����� ������ �� ���� ��� �� ���� �� ���� �� ����� �� �������� ��� �� ����� ������� ��� ��� ������ ��������� ���������� �� ����� ����� �� ������ �� ���� ����� ����� ����������� �������� ����� ����� ���

3 ������ �� ��������� 1826

������ ��������� �� ������� �� ��� ���� ��� �� ���������� ����� ������������ ��� �� ����������� ������ ��� ������ �� ������ �� ���������� �� �������� ���� 1805 ��� ����� ��� �� ������ �� ������������ ��������� ����� ��

������ ����� ������������ �� 1826 ��� ���� �� ������������� ������ �� ���� �� ��� �� ������� ��� ���� ����� ��� ������� ���� ������� ����� ����� �� ����� �� ������

������ ��� �� ����� ���� �� �� ������ �� ���� �� ���� �� ���� ���� ��� ������� ����� ������ �� ����� �� �� ������ ����

1 ��������� �������� �� ����������

����� �� ���� ������ ��������� ������� �� ����� ������ �� ���� ����� �� 1820 �� 1827 �� ������ �� ������ �� ��� ��� ����� ���� ���� �������� ��� ������ ���������� ��� �� ������� �� ���� ��� �� ���� ���� ���

���� ���������� �� ������ ����� �� ������������ ������ �� ������ ������ �� ��������� ������� ���� �� ���� ��� ��� ���������� ������� �� ���� ������� ������ �� ���� ���� �� ���� ��� ����� ���������� �� ����� ���� �� ����� �� ������ ������ �� ������ �� ����� ������ ���� ���� ����� �� ������� ��� ���� ���� ���� ���

2 ��������� �������� �� �������� ��� 1822 �� ������� VII

����� �� ��� ������ ����� ���� �� ����� ���������� ��� ������ �� ������ �� ��� ������������

��������� �� ������� ���������� 1822 �� �������� VII ����� ���� ���

����� ���������� ���� ��������� ��� �� ���������� �������� �� �������� ��� ���� ��������� ���� ������� ���� �� ����� �� ��������� �� ���� ����� �� ���� �� ��� �� �������� ���� ����� �� 20 �� 30 ���� �� ��� ���� ���� ��

��� ������ �� ��������� ����� ����� ��������� �� ������� ���� �� �� ���� ��� ��� ����� ������ �� ����� �� ���� �������� �� �������� ���� �� �� �� ���� ��� �� �� ���� ���� �� ���� ���� ������ �� ���� ���������� ��� �� ��������� ���������� ����� ������ �� ����� ��� �������� �� ��������� ����� �� ���� ���� ��� �� ���������� �� ���� �� ���� ����� �� ����� ���� ����� �� ����

3 ������� �� ��� �������� �� ���������� �����

������ ��� **1828** �� ��� ����� ������ ������� �� ���� �� �������� �� ����� �� ��� ������ �� ������� ��—�� ������� ���� ��� ����� ��� ���� �������� �� �������� ��� ������������� ����� Utilitarian philosophy �� ��������� �������� �� �������� ��

1

����������� ��������� �� �������� �� ������������ ����� �� ������ ���� �� ����������� �� ����� ���� �����

������ ������ �������� ������� �� ������� �� ������ ���� ���� 1817 ��� ����� ����� �� ��������

������ ���� **1828** ��� �� 1828 ��� �������� ��� �� ������� ��� ��� ��� ������ ���� �� �������� �� �� ����������� ��������� ���� �� �������� ����� �� ��� �������� �� �������� ������ ����� �� ���� ��� �� ����������� ��� �� ����� ������ ������ ����� �� ���� ���

2 ��� ����� �� ������� 1829

����� �� ���� �������� �� ����� �� ���� ��� ����� �� ���� ��� �� �������� �� ������������� �� ���� ��� ���� ��� ���� ������� ��������� ������ ������ �� �� ��� �� ��� �� ������ ������ �� ��������� �� ����� ����������� ������� �����

������ �� ���������� ������ ������� �� �������� ������ �� ����� �� �������� ���� ����� ������ ������ �� 1829 �� �������� XVII ����� ���� ����� ����� ������������ ��� ��� ����� �� ���� �� ������ ����� �� ����

����� �� ���������� ������ ������� ������� ����� �� ������� �� ����� ����� ��� ��������� ������ �� ������ ������� �� ���������� ��������� �� ��� �� �������� ������������ �� �������� �� ����� ����� ����������� ������ �� ������� ����� �� ��� ��������� ��� �� ��� ���� �� �����

3 ���� ����� �� ��� �� ����� �������� ���

���� ����� ������� �� ������ ���� ������ �� ������ �� ������ �� ���� ������������ ��� ����� ������ ��� �� ���� ���� �� ��� ������� ������ �� ���

��� �� ������� ������ �� ����� ����� ��� ������� ��������� �������� �� ��������� ����� �� ������� ������ �������� �� �������� �� ���� ����� ��� ��� �� �� ��� ��� ������ �������� �� �������� ��� ��� �� ������ �� ���� ����������� ������� �� ������ �� �������� ������������� ����� ���

1 �������� ���� �� ������

����� �� ������ ������������ ������ 18241826 �� �������� ��� ����� ����� �� ���� ���� ���� ��� ����� �� ������������ �� ������� �� �������� ����� �� ���� ���� ����

������ �� ����������� ������ ������ �� ������� ����������� �� ���� ���� ������� ���� �������� ������� �� �������� �� �� ������� ��� ����� �� ���� �������� ������ ��������� ��������� ���� �������� �������� �� ��� ���� � ���� ������ �� ��� ������ ���� ������ �� ��� �� ��� �� ��

2 ���������� Utilitarianism �� ���

����� ��� ������� �������� ������ ����� �� ��� ������� ��� �� ����� ������������ �� ���� �� ����� �������� ���� �� ����������� ���� ���� ������� ���������� �� �� ��� ����� �� ����������� ������� ��������� �������� �� ��� ����� �� �������� ���� �������� �������� �� ��� �������� ����

3 ���� �� ������ �� ������

������ ��������� ������ ��� 1835 �� �� ��� �� ����� ������ �� �������—�������� ������� ������� ����� ���� �������� ������ ��������� ���������—�� ���� ������� ��� ��� ��� ��� �������� �� ���� ��� �� ���� ����� ���� ��� ���� ���

�������� ���� �� ������� �� ������� �� ����� ��������� �� �������� �������� �� ���� ��� ���� ��� ���� ��� �� ������������ ���� �� ����� ������� ���� �� ���� ��

1830 �� 1840 ��������
����� �� ����������
�� �������������
������ �� �������

1830 �� 1840 �� ��� �� ������� ������� ������� ��������� ����� ��� �� 1830 �� ��� �� ������� �� ��������� �� �������������� ������ �� �������������� ������� �� ������� �������������� �� ��������� �� �� 1830 �� ��� �� ����������� �� �������� ������������� ������ ���� ������ ��������� ���� ������ ��� ����� ���� ������ �� �������� ����� ��—� ������ ���

1 1833 �� ������ ���� ����� �� �������� ������� �� ��������

������ ����� �������� �� ����� ������� �� ������� �� ��� ����� �� ������ �� ��������� �� ��� ��� ������� ��� �� ��� ������� �� ����������� �� ��������� ����� ���� �� �� �� ����������� �� ���� ���� �� ��� �� ��� ��

����� ��������� �������� �� ���������� ����

��������� ������� �� ��� ����� �� ���� ��� ��� ��������� ����� ��� ��� �� ������ ��� �� ��� ��� �� ������� �� �������� �� ����� �� ����� ���� ��� �� �� ��������� ����� �� ����� ������� ������ �������� �� ��� ������� ��� �� �� ��������� �� �������� ������ �� ��

���������� ����� �� ���������� �� �������� ��� �� ���� �� ��������� ����� ���� ��� ����� ������ ������ 1833 ��� �� �� �� ������� ���� ���� ������� ��� ���� ���� ��� ������� ������� ������� �� ��������� �������� �� ���������� �� ���� ����

����� ����� ������ �� ������ ��������������� �� ������ �������� ������� �� �� ��� �� ���� ������� ���� �� ��� ����� ������ ����� ������������������� ��� ����� �� �� �� �� �������� �� ��� ���� �� ������� �� ������� Acts ��� ��� ��������� ������� �������� Regulations �� ����� �� ����

�������� �� ������ ������� �� ���� 87 ��� �������� �� �� ���� �� ���� �� ��� ������ �� ���� ���� ���� ���� ����� ��� �� ��� �� ���� ����� �� ���� ��� �� ���� ���� �� ������ ���� ���� ����� ������� ���� ���� �� ��� ������� ��� ���� ������ �� �� ����� �� ���� ���� �� �������� �� ���� ������ ������� ��

2 ������� ������������ �� ���� ���� 1835

�������� ����� ������� �� ������ ������� �� ������� �� ������ ���������������� ��� ���� ����� ��������� �� ���� ��������� ���� ���� ���� �� 1833 �� ������� �� ������ ������� �� �������������� �� ���� ���� ��� �� ����

����� ���� ���� ���� �������� ������ �� ��������� ��� 1835 ��� �� ���� ���� �� ������� �� ��

����� �� ���� �� ������ ��� ������ IPC �������� �������� ������ �� ������ �������� ������ �� ����� ����� ���� �� ��������� ����� ���� ���� ���� ������ ������ ������ ������ ������� �� ���� ���

1 1835 �� �������� ������ ������

���� ��� ������� �� ����� ���� ������ �������� ������ �� ������ ���� �� ������ ������������ Orientalists �� �������� �� ������ �� ������� ������ �� ������ ���������� Anglicists �� ��� �� ������ ���� ��� �� ����� ���

****������ �� ����� 1835**** ������ ����� ���� ������ �� ���������� �� ���� ��� ������ ���� ��� ���� �������� ������ �������� �� �� ��� ���� ����� ���� �� �� ���� �� ��� ��� ������ �� ����� ����� ������ ������� �� ������ ��� ������� �� ������� �������� ��������Filtration Theory

****������**** ����� ������ ������ �� 1835 �� �������� ������ ������� ��

������ �� ���� ��� ������ �� ��� ���� ������ �� �������� �� ������ �� ������� ������� �� ������� ������ ���� ��������� �� ���� ���� ���

������ �� ������ �� ���� �� ����������� ���� �� ���� ������� ������ �������� ���� �� ��� �� ������ �� �� ����� ������� ������ ��������� �� ������� ��� �� ������� ���� ��� �� ���� �� ��� �� ���� ����������� �� ����� ��� ���� �� ��

2 ���� ������� �� ������ ����

��� �� ��� 1830 �� ��� ����� ������ ������� �� ������� ��� ���� �� ������ ������� �� ����� ������ ����������� ���� ��� ���� ��� ����� ����������� �� �� ������� ����� ����� ����� ��� ����� ��������� ������� �� ������� ��

����� ���� ��� ����� �� ������� �� ������ �� 1843 ��� ������ ��� �� ������ ��� ��� ��� ��� ������ ������ �� ����������� �� ��� ���� ���

3 ������ �� �������� ���������

������ ����� 1835 ������ �� ���� �������� ���� ��� ������� ������� �� ��� ���� �� ���� ������ �� ������� �� ��� ���� ������� �� ��������� ���� ���� �������� �� ��� ������ �� ������ �� �������� ��������� �� ������ ����

1 ����� ��� �� ������

����� ��� ���� ����� ��� ������� �� ��� �������� ���������� EIC �� ���� ���������� �� ��� ������� �������������� �� ��������� ������� �� ����������� �� �� �� �� ��� ����� �� ���� ���� �� ��� ���� �� ������������ �� ���� �� ��� ��� ������ �� ���� �� ������������� ��� �� �������� ��� ������ �������� ���� ���� ������ ���������� ������� �� ���

3 ����� ������������� ����� 1839–1842

���� ������� �� ��� ������ ������� �� ������ ���� ������ �������� ��� �� �������� �� ������ ���� ������� ������ ��� ������� ������ ���������� �������� ������� ��� ���� �� ������ �� ������� �� ������ ����

����������� ���� 1838 ������ �� ����� �� ���� ����� ���� �� ��� ���� �� ��� ������ ������������ �� ������� ���� �� ��� �� ������� �����

������ 1839 �������� ���� �� ������������� ������������� �� ������� ���� �� ������ ��� ��� ���� �� �������� �� ����

������ �� ���� 1840 ������ ���� �� ��� ���� �� �� ������� ������ ������� ���� ��� ���� ���� ���� ������ ��� ������ �������� ������� �� ������ ���������� �� ������ ���� ���� 1840 �� ������ ��������� ������ �� ��� ������ 1842 �� ���������� ������ �� ������� ������ ��

1 ����� ������������ �� ��������

��� ����� ������� ������ ����� �� ���������� ������� ������ ��� ������� ��������� �� ��������� �������� �� �������� ���� �� ������� ���� �� ���� �� ������������ �� ������� �� �� ������ ��������� ��� �������� �������� ��������� �� ����� ��

1840 �� 1850 ���� �� ����������� �� ������ �� �������� Doctrine of Lapse

�� ��� �������� ������� ������� ��� ���������� �������� �� ���� �������� ��� �� ���� ������� ����� ���� �� ������� ��� ��� �� ��� ����� �� ���������� ��� ���������� �� ������ ���� �� ��� ��� ������ ������� 1848–1856 �� ��������� �� �� ������ �������� ���������� �� �������� �� ������ ��������� ����

1 ������ ���� �� ��� 1842

����������� ������ 1842 ��� ������ �� ���� ���� �������� ���� �� 16000 �������� �� ������������ ��� �� ���� �� �������� �� �������� ����� ��������� ������ ��� ���� �������� ������� �� ����� �� �������� �� ����

���� �������� ������������ ����� �������� 18421844 �� ������� �� ���� �� ��� ���� �� ������������ �� ���� ��� ���� ������ �������� ��� �� ��� ���� �� ��� ��� �������� �� ��

2 ���� �� ���� 1843

���� �������� ��� �� ����������� �� �������� �� ������ ������ ��� ��

���������� ���� �� ������� �� ������� �� ����� ���� �� �� �������� ������� �� ������� �� ������ 1843 ��� ������� �� ����� ���� �� ���� �� ���� ��� ������ �� ����� ��� �� ������� ���� ���� ��

1 ����� ��������� ����� 1845–1846

���������� 1839 ��� �������� ����� ���� �� ������� �� ��� ��� ���������� ������������ �� ������ �� �� ���������� ���� ������ �� ���� �������� ��� ��� ���

���� 1845 ��� ��� ���� ������� ���� ��� ��� ���� �� ��� ����� ���� ��� ��� ���� ���������� �� ��� �� �� �� ���� �������� �������� ���� ����� ���

��������� ����� �� ����1846 ����� �� �� ���� ���� �� ���������� ���� �� ��� ����� ���� ��� ����� ���� ������ �� ���� ���� ��� ���� �������� ����� ��� �� �� ����� ������� �� ����� ��� �������� ��������� �� ��� ��� �������� ���� ���

2 ������� ��������
����� �� ����� ����
1848–1849

���� 1846 �� ���� �� ��������� ������ �� ������� ��������� �� ������ ��������� �� ���� ������� ������ ���� ��� ����� �������� �� ����� ��� �� ���� ������� ��� �� ������� ����������� ���������� ����� ������ 1848–1856 �� ��� ����� ����� �� ����� �� ��� ��� ��������� ����

����� �� ����� ��� ���������� �� ���������� ����� �� 1849 ��� ������ �� ����� ��� ���������� �� ��������� ��� ����� ��

������ 1849 ��� ����� EIC ������ ����� �� ���� �� ���� ��� ����� ���� �� ��� �� ���� ��� �� ������� ���� ���� �� ����� ���� �������� ��� ���� ���

����� �� ���� �� ������������ �� ����� �� ���� �� ���� ������������� ���� �� ��������� �� ���� �� ����� ��������� ���� ����� �� ������� �� ���� ����� �� ������� �� ����� �� ������� ����� �� ��� ��� ����� ���������� �� ����� ������ ���� �� ��

1 ������ �� ���������
Doctrine of Lapse

�� ���� �� �� ���� ������ �� ���� �� �������� ����� �� ���� ������ ��� ������� ���������� �� ��� ��� ������� ����� ���� ���� ��������� ����� ������������ �� �� ���� �� �� ������������ ��� ���� �� ���� �� ������ ����� �� ������ ������ �� ���� ����� ���� ���� ��� ������ ��� ����� ������ Lapse �� ����� �� ������� ������� ��� ���� ���� �����

������ ������ �� ����� �� ���� ���� �� �� �������� ������ ����� �� ������ �� ����� ���� ��������� ������� ���� �� ������� ���� �� ��� ����� ������� ��

���� 1848–1850

����� 1848 �� �������� �� ��� ���� ���� ��� ���� ������ �����

������ �� ������� 1849 ��� �������� �� ����� ���� �� �� ������� �� ���� ���� ���

������ �� ������ �� �������� �� ���� ���� �� ���� ���������� �� ��� ���� ������ �� �������� ���� ���� ��������� ��� ������� ����� ����� �� ��� ������� �� ����� �� ��� �� ������ ����� ���� �� 1857 �� ������� �� �� �� ���� ���� ������ �� �� �������� ���� ���

2 ���������� ����� �� ������������ �������

����� ������� ������� �� ���������� �������� �� ������ �� ���� �� ��� ���� ������������ �������� ���� ��—�� �������� ������������ �������� ������ �������� �� ������ ������� �� ������� ������� ���� ��������� ����������� �� �� ���� ���� ���� �� �� �������� �� ���� ������� �� �������� ���� ��� ������� ������ �� ������� ������� �� ������������ ��

���������� ����� **Public Works** ������� �� ��������� ������ �� ����������� �� ����� ���

����� 1853 ��� ���� ��� ������� �� ���� �� ����� ������ ����� �� ������ �� ������ ��� ����� ���

���������� ����������� ���������� �������� �� ������ ���� �� ��

���� **���** ����� ���� ��� �� ������������� �� ��� ���� �� �� ��� ��

����� �� ����������� �������� ���������� �� ���������� �������� ���� �������� �� ����� �� �������� �� ����� ��� �� ������� �� ���� ����� �� ��� ������� �� �� ���

1 ������ ����������� �� �������

���� ������ ������������� ��������� ��� ���������� �� ������� ��� ��������� �������� �� ���� ��������� �� �������� �� �� ���� ������ ����� ��� ���� �� ���� ������ ������� ��� ��������� �� ����� ����� �� ��� �� ��������� ��������� ���

2 ����������� ����

����� ���� ������� Lex Loci Act 1850 �� ��������� ������ ������� �� ����� ����������� ����� ��� ������ ���� ���� ��������� ���� �� ����� ���� ���� ���� ���� ��� ��������� ���� ���� �������� ���� ����� ������� �� ������ �� ����� ���� ����

������ ��������� ������� ������ �� ����� �� ���� ���� �������� �� ��� ������� ���������� �� ���� �������� ����������� ��� ����� ��������� �� ��� ��� ���� ��� ���� ��������� ����� �� ����� ������� �� ����������� ������� �� �������

1850 �� 1860 ���������� �� ���������� �� ���� ��������

�� ��� ���� ������� ����� EIC �� ����� �� ����� ���� �� ���� ��� ���� ����� ����� �� ������������ ���� �� ������ �� ��������� �� ���� �� ������� �� �� ���� ������������ Backlash ���� �� ����� ����� 185758 �� ������� ��� ���

1 ������ �� ��������� �� ������ ���������

������� ��������� **1850–1856** ������ �� �� ���� �� ���������� ������ �� ��� ���� ���� ����� ���������� �� ���� ���

���� 1850

������ 1852

������ 1853 ���� �� ������ �� �� ������ ����� ����� �� ����

����� 1854 ���� ���������� �� ������ �� ������ ���� �� ������ �� ��� ���� �� 1857 �� ������� �� �� ������ ������ ���

������ �� ������ �� ������ �� ������� ������� �� ������� ���� �� ��������� �� ��� �������� �� ����� ���� ��

2 ������ �� ����� ����

��� �� ���� 1856 �� ������ �� ���� ����������� ����� ��

����� ����� �� ���� ���� �� ���� ����� ��� ��� ������ �� ����� ��

���� ����� �� ��� 50 ������ �� �� ������ ������ �� ���� ���� ����������� �� ��� ��� ����� ���

��������� �� ������ ����� ���� �� �������� ������ ��� �� �� �� ���� �� ���� �������� �� ������� �� �������� �� ��������� ���� ����� ���� ��� �������� �� �� �����

3 ���� �� ����� �������� �� ���

���� ������ ������ �� ����� �� �� ����� ���� ������ ������ ��� ��� �� ������������� �� ��� ���� �� ���� ���� ���� �� �� ���� ���� ����� �� ����

����� �� ����� ������ �� ����� ����� ������� �� ����� ����� ���� ���� �� ������ ���� ���� �� ����� �� ���� ���� ������ ��� 1857 �� ������ �� ������ ���� ���

1 ����� ��������� �� ��� �������

����� **1853** �� ���� ����� ���� ������ �� ���� �� ��� 1853 ��� ���� ��

����� �� ���� ����� �� ������� ������� �� ���� �� ������� �� ���� �������� �� ������ �� �� ������ ��� ��� ������� �� ����� �� ������ �� ��� ��� ����� �� ������ �� ���� ���

���������� ��������� �� ����� �������� �� ��� �� ���������� ����� �� ����� �������� �� ��� ������ ������ �� ����� ����� �� ����� �� ��� ��� ����

��� ����� **1854** ���� ������� ���� ��� ���� ��� ��� ��� �� �� ������� �� ��

2 ������ �� ��������� ������

����� ������� **1854** ��� ���� ��� �������� ������ �� ������ ������ ��� ���� �� ���� ���������� ��������� ���

��������� ������������ ��� �� ��� ������ ����� Department of Public Instruction �� �������

���� ��������������� �� ���� �� �������� ������� �� ������� ��� ���������������� �� �������� 1857 ��� ��������

��������� ����������� �������� ���� �� ���� ��� ������ �� �������� ��������� ������� �� ������� �� �� ����������� �������� �� ������� ���� ������ ���� ��������� �� �������� ������� �� ������ ������� ������������ �� ������ ��� ���� ������ ����������� ������ �� ����� �� ��

���������� �������� ������ **PWD** �� ��� PWD �� �������� �� �� ������ ������ ������� ������ �� ������� �� �������� ���� ������� ������ ��� �� �� �� ������� �������� �� ��������� �� ����� �� ��� ������� ����������� ��

3 ������� ����������� �� ���� ����

���� ������� ������� ������� �� ���� ����������� �� ��� ������ �������� ���� ���� �� ������ �� ���� �� ��� ���� ����� ��������� ���� ������� ����������� �� ������� Title ������� ����� �� ��� �� �� ������� ���� �� ���� ���

������ �� ���� ��� ������� ������ ���� �� ���� ������� �� �������� �� ���� ���� �� ��� ��� ���� ��� ����� ��������� �� ��� ���� �� ���� �� ���

1 ������� �� ���� �� ���� �� �� ����� ���

�������� ���� ������ �� �������� ����� ������ �� ������ ������ �� ��� �� ������ ����� �� ������ �� ��� ������� ������ �� ����� ����������� ��������� ���� �� ����

������ ����

���� ���� ���� ��������� �� ��������� �������� ���� ���� �� ����� �� ������� ���� �� ��� �� ������� �� ���� ��������� �� ���� ���� ���

������������ ������� ����� ������� �� ������ ��� �� ������ �������� ������� ��������� ��� �� ������ �� ����

��������������� ����

����� �� ���� ��� ����� �� ������� 1829 �� ����� ��������� ������� 1856 ���� ������ �� ���������� ������ �� ����� ���� �� ������ ��� ���� ��������� ����

������ ���� �������� 1850 ��� ���� ���� ��������� �� ������� ���� �� ��� ��� ���� ���

������� ������� �������� ������������ ������� ��������� �� ������ ����������� �� ����� ����� ����� �� ������� ����������� �� ������

������ ���� ����������� ����

���������� �� ���������� ����� �� ���������� ���� �������� �������� ������ ������ �� ��� �� ������ ������� ����� ������ �� ���������

�������� ����� ������ ��������� 1856 ������ �� ���������� �� ��� ������� ��� ����� ����� ���������� �� ����� ����� ����� ��� ����� �� �������� ������ �� ��������� ����� ���

������� �� ����� ������ ���������—�� ������ �� �� ��������� ������ �� ���������� ��� ��� ��������� �� ��� ������� �� ����� ����������� �� ��� ������� �� ������ ���� ��

2 �������� �� ��������� 18571858

������ �������� 10 �� 1857 �� ���� �� ���� ��� �� ���� �� ������ ���� ��� ��� ��� ������� ������� ������� ���� ��������� ������ ������� ��� ��� �� ���� �� ������� ������ ����

����� ������� �� ����

������ ������ ��� ��� �������� ������ ����� ��� ��������� ������

������ ����� ����� ������ ������ �� ������ ������ �� ������� �����

���� ����� ����� ���

������ ����� ������������

������ ��� ������� ���

������� ���������� ��������� �� �������� ������� �� ��� ���� ���� �������� ������ ��� �� ������� �� ��� ������� ����� �� ������ �� �������� �� ������������� �� ��� ������� �� ��� ����� ������� ����� �� ��� �� ����� ����� ���

1 ���� ������ ������� 1858

������ �� ����������� �� �������� �� ���� ������� ������ �� ������� �� ���� �� ����� �� ����� ���������� �� ������� �� ������ ����� �������� ������� ��������� �� ����������� �� ��

�������� ��� ��� ��������

���� ���� **Secretary of State for India** ������� ���� ��� �� ��� �������� ������� �� ������ ��� ������ ������� �� ��� ������� �������� �� ����� ������ �� �������� �� ������ �� ������������ �� ��� �� ��

���� ��� ��� �������

������� ���� �� ����������� �� �� �������� ������� �� ����������

���������� �� ����� �� �� �� ����� ������ ���� �� ���� �������� ���

2 ������� ���������� �� �������� 1 ����� 1858

�������� ��� ������� ������ ������ ���� �� ��������� �� ������ �� �� �������� �� ������ ��

���� �� ��� ������ �� ���� ������ �� ������ �� ����� �� ���� ���� �� ���� ���� �� ������ ��� ���� �� ���� �� ����� �� ���� ����� ������ �� ��������� ������ �� ���

������� ��������� ������ ����� �� ������� ��������� �� ������������ ��� ���������� �� ���� ���� ���

3 ���� �� �������� ��� �����1858

����� ��� ������� �� ������ ������� �� ������ ������ 12 �� ������������� ��� 25 �� ���� ���

������� Artillery �� ����� ��� �� ������� ��������� ��� ��� ���

������ ��� ���� ����� �� ��� ���� �� ��� ���� �� ��� ��� Divide and Rule �� ���� �� ������ ��� ��� ����� ���� �� �������� �������� �� ������ ������ ���� ���

1860 �� 1870 ����������� ����������� �� ������ ����

1857 �� �������� �� ���� �� ��� 1860 �� 1870 �� ��� ������������ �������� �� ��� �� �������� ����� ������ �� ���� ������������������ �� �������� ��� �������� ��� �� ������� �������� ������� ���� �� ��������� ������� ����������� ����� �� ��� ��� �����

1 ��������� �� ������ �� ����

����� ��� ����� 1857 �� ���������� �� ���� ���� ��� �� ���� �� ���� ������� �� ���������� �� ������ ���� ������� ��

������� �� ����� ������� �� �������� Doctrine of Lapse ����� �� ��� ���� �� ���� ���

��� ���� �� ��� ������� �� �������� ��� �� ������������� ��� ���� �� ������� ���� ��� ���� ���� ���� ������� �� ������� ������� �� ��

2 ������� ������ �������� 1861

������������� �� ������� �������� �� ���� �� ��� ������� �� ��� �� ���

���� �� ��� ��������� �� ����� ����� �� ���������� �� ������� �� ������� ���� ���

������� ����� �� ������ ������� �� ������� �� ���������� �� ������� ���������� ����� �� ��� ����������� ��������������� �� �������

������� �������������� �������� �� ���������� ������� ������ ��� �������������� �������� �� ��� ��� ���������� �� ���������� ����� ��� ���� ������ �� ����� ��������� �� �������� �� �� ������ ���

�������������� ��������� ������ ������� �� ������� �������� ����� �� ���� �� ����� ��� ����� ������ �� ���������� ������ �� �� �������� ������ ����� ��� ������� ������ ������ ���

3 ��������� ������������� �� ����������

��� ������ ���� **1861** ������� �������� ������ �� ��� ��������� �� ������� �� ���� ������ �� �������� ������� �� ������� ��� **���** **������** �������� ��� �� 1862

�������� �� ����������������

������� ��� ������� **IPC 1860** ���� �������� ����� �� ��� �� ���� �������� ������

������� ��������� ������ **1861** �� ������ ��������� ������ **1859** ���� �� ��� ������ �� ��������� �� �� ������ �� ������ ������ ������� ���� ������� �� ������ �� ��� ����� �� ���� �� �� ����� ������� ����� �� ���� ���� ��

1 ������� ��������� �� ��� �������

���� 1857 �� �������� �� ������ �� ���� ���� £50 ������� 5 ������ ������ �� ������ ������� ������ �� ����� ��� ���� ��

����� ������� **1860** �������� �� ��������� ������ �� ���� ������� ������ ������ ������� �� �������� ���� ���� �� ��� �������� �� ���� ��� �� ������� ������ **�������** ��� �� ��� ��� ���� �� �������� ����������� �� ������� ��

����� ������� ��� **1860** ������� �� ���� �� �������� �� ��� �� ���������� �������� ��� ��� ����

�� �� ��������� �� �������� �� �� ���� ����������� ��� �� **����** **Income Tax** �� ������� �� �������� ��� ₹500 �� ���� �� �� �� 5% �� ������ ��� �� ������ ���� �� ���� ��� ���������� ������ �� ������� ��

������ �� ������� ����� ������ Paper Currency ������� ���� �� �� �� ����� �� ������� �� ������� �� �������� �� ���� ����� ����� �� ����� �� ��������� ���

2 ���� ������� ��
������������

������ �������� �� ���� ������ ���������� �� ������ �� ������ ��� �� �������� ���� ��� �� ������� ������ �������� �� ������ �� �� ����� ������� ����� �� ��������� ������� ���� �� �� �� ������� �� �� �� ��� ����� �� ���� ���� ����

��������� ������ ����������� �� ���� �� ���� ���� ���� ������ �� ��� ���� �� ��� ����� ������ ������� **1859** �� ������� **X** ����� ���� ��� �� ���� �� ����������� �� �������� �� �������� ���� �� ������ ���� ����� ��� 12 ������ �� ���� �� ���� ������� ������ ������ ��� �� ����� � �� ���� �� ��� Raj �� ���� ����������� ���� ����� ��

���� �� ������������ �� ��� ��� ������� �� ������� ���� �� ��� ���� ����� ���� ��� ��� �� ������� ��� �� ������ ���� ���

���� �� ���� **Cotton Boom** ������� ��������� 18611865 �� �������� ������ �� ���� �� �������� ��� �� ������ ������ ���� �� ������� ��� ���� ���� ��� ���� ������� ������������ ��� �� �� ������� ��� ������ 1865 �� ��� ������� ��� ������� �� �������� �� ��� ��� �� 1875 �� ������ ������ �� ���� ���

��� �� ���� ���� ����� �� ���� ��� �� ���� �� ��� ������ ��� �� �������� �� ��������� �� ����� ������ ��� ��� �������� **18591860** ��� ������ �� ��� ����� �� ������� �� ���������� ���� ���� �� ������� ������ ��������� �� �� ������� ��� ��

1 ����� �������� �� �������

������� ����� 1857 �� ��� ���������� �� ������ �� ������ ������ �� ���� ��������� ��������� �������� ������ ������� �� ���������� �� ������ ������ ��� �� �������� �� ������� �� ������ ���������� ���� ���

������� ������ �� ������� ������������� �� �������� ������ �� ���� ���� ������ ���� ������ �� ��������� ���� ���

2 ��������� �� ��� �������

���������� ���������� 1857 �� �������� �� ������ ��� ������� ������ ��� ���������� �������� �� ������� ���� ��� ��� ������� �������� ���� �� ������ ��� ������ ����� ����� ���� �� ����� ���

������� ������ �������� **1866** ���� ��� ���� �� �� ���� ��������� ���� ������ ��������� �� ���������� �� �������� ��� �� ������ ���

1 ��������� ������������� �� ������� ����

������� �� ��������� �������� ������� �� ��� Raj �� ������������ �� �� ������ ��� �� �� ������

���������� ��� �������� �������� �� ������ ��� �� ������������� ���� ��� ������ ��������� �� ������� ��������� �� ������ ���� �������� ������� �� ��� �� ������� �� ����������� �� ��

��� ��������� **Municipalities** ���� ������ ��� ��� ��������� �� �������� ���� ��� �������� �� �������� ���������� �� �������� ��� ��� ����� �� ���� ��� �������� �������� �� ����� �������������� ���

2 ������ �� ������� ������

��������������� �� ������� 1857 ��� ������� ������� ������ �� ������ ��������������� �� ������� ������ ������� ������ ��������� �� ���� ����� ����� ��

����� ����� **Vernacular Press** �� ��� ������ ����� �� ����� �� ������ ���� ��������� ���������� �� ������� ������ �� ��� �� �� ����� �� ������ ������ ��������� ������� �� ��� ���

������� ����� ����� ����� ���������� ���� ������ �� ����� ���������� �� ����� ������ �� ��� ��� ���� ���� ���

3 �������� �������� ��� ���������� �� ���

�� ��� ��������� �������� ����� �� ����� �� ������ ��� �� �� ������ ���� �� ����� ������ �������� �� ������ ���� ��� ���������� ��

���� ������ �������� **1866** ������� ������ ������ ���� ��� �������

���� ��������� ��� **1870** ���� ������ ������ �������

������ �� ���� ����� �� ������ �������� �� ���� ����� ���� ICS ��

���� ��� ��� �������� �� ���� ���� ��� ���� �� ��� ���� �� �� ���� ������ ��������� �� ������� �� �� ��������� ������ �� ������ ������ �� ���

1870 �� 1880 ���������� �� ���� ������������� �� ����� ����

�� ��� ����� ���� 18691872 ����� ���������� 18721876 �� ����� ���� 18761880 �� ��������� ���� �� �� ���� ������ �� ����� ���� �� ��� �� ����� �� ��������� ������ ���� �� ��� ��

1 ������� ������������� ���� �� ��������� 1870

������ �������� ���������� ������� ����� �� �������� ������� �� ��� ��� ����� �� ��� ���������� ����� �� �� �� ����� ������ ���� �� �� �� ��� �� ��� ��� ����������� ����� ���

����� ���� �� ������� **1870** ���� �� ������� ������������� �� ����� ��� ��

������� ��� ����� ������ ���� �� �������� ������ ���� ������ �� ������ �� ��������� ������� �� ���������� �� ����� ���

������ ��������� �� �� ������� ������� ������ ���� ��� ��� ������ ���� �� �� ��������� ���� ��

������ ������� ���� �� ����� �� ����� �� ������ �� ��

����� �� ���������� ����� �� �� ����������� ���� �� ���� �������� ���� �� ������� �� ����������� �� ������� �� �� �������� �������� �� ����� �� ������ �������� ���� �������� ���� ������ ��������� �������� ������ �� �������� ��� �� ��������� �� ������ ��

2 ������������ �� ���� ���

����� ����������� �� ��������� **1872–1876** ����������� �� �������� �������� �� ���� ��� �� ��������� �� ������������ ���� �� ������ �� �� ������� �� ������ �� ������� Assigned Revenues �� �������� �� �� ����� ������ ��������� �� ���� �� �� ��� ������ ��� ��

����� ���� �� ����� **1872** ������� ������ ���� ��� �� ��������� ���� �� ������ �� ���� ���� �� ���� �� ������ �� �� �� ������� ������� ��� ����� ��������������������� �� �������� ������ ��

����� �� ���� **18731874** ��� ���� ���� �� ���� ������ ������ �� ������� �� ��� ��������� ��� ���� ���� ����

������ ����������� ����� ���������� �� �� ������ �� ������ ��������� ������ �������� ���� ����� �� ��� �� ����� ������� �� ����� ���� �� ���� ������� �� ���������� ���� ���� ����� ������ �� ����������� ���� �� ��� �� 1866 �� ������ ���� �� ����� ������ �� �� ������� ���� �� ������� ������ ��

����� ���� �� ���� �� ������� ����� �� ���� ������� ���� �� ���� ������ �� ���������� �� ���� ������� �� ����� ������� �� ���� ��� ����� ���� �� ��� ������ �� ���� ���� �� �������� �� ����

2 1876-1878 �� ���� ����

���������� ������ ������ ����� �������� �� ����� ���� �� ��� ������� �� �������� ���� ���� �� ���� ������ ������ �� ���� ���� ������ ��� �� �� �� ������ �������� **55** ��� �� **1** ����� ����� �� ������ ��� ��

������ ������ ������� ����� ���� 1876–1880 �� ���� ������������ ���������� ������ �������� �� ���� ����� ������ ������� �� ��������� �� �������� �� ������� �� �� ���� �� ����� �� ���� �� ������� ��������� ������ ����

����� �� �� ����� �� ����������
����� �� ��������� ��

���� **����** **1878** ���� �� ����� ������ �� ����� �� �������� ���� �� ��� ����� ���� ���� �� �� ������ �������� �� ���������� ��� 1878 �� ���� ���� �� ��������� ��

����� �� ���� �� ������� **����** ******** **Famine Codes** �� ������� �� ���� ��� �������� 1880 �� ��� ��� ������� ��� ���� ��� ����� ���� ������ �������� �� ���� ������� �� ��� ������������ ��� �� �� ������� ���������� ������ ���� �� ��� ���� ������������� �� ������� �� ������ ���� �� ��� ���������� �� ����������� ���� �� ���������� ��������� �� ��������� ���� ��

1 ���� ���� �������� 1876 �� ������ �����

������� �������� ���� �� ���� ���� ������� 1876 ����� ���� ����� ��� ������� ����������� �� **����������** ���� �� ����������� �� ����� �� ��

����� **1877** ����� ���� �� ������� ����������� �� �� ����� �� ����� ���� �� ��� ����� 1877 ��� ������ ��� �� ����� �� ���� ���� ����� �� ����� ����

������ ����� �� �� ����� ������ �������� ���� �� ����� ����� �� �� ��� ������ ���� ��� �� ������ �� ������ ���� ��� ���� ���� ���� �� ���� �������� �� ������� ������ �� ��� �� ������ ���� �� ������ ������ ���� ���� �� ����� ������ ����� ��� �������� ����� ������ ���� ���� ������ �� ��

2 ������� ����������� ����� 1878–1880

������ ����� ��� ��� �� ��� ��������������� ��� �� �� �� �� ����� ���� ��� ��� ��� �� ����� ��� �� ���� ������� ���� �� ������� ���� 1878 ����� ������� ���� �� ������ ���� �� ����� �� ���� �� ���� �� ��� �� ���� ������ �� ��� ��� ����

���� ���� �� ��������� ���� �� ��������� ���� Scientific Frontier ���� ���� �� ����������� ��� �� ������ �������� ��������� ���� �� ��� ���� �� ���� ��������� ���� ���� �� ���� ������� �� ������ �� ���� �� ����

�������� �� ��������� ������� ���� �� ���� �� ������ ����� ����� �� ����� �� ���� 1879 �� ����� �� ���� �� ��� ����� ������ ���� ���

����� ������� �������� �� ������� ���� ����� �� �������� ��������� ���� ������� ����� ���� �� ���� �� ������� �� ���� �� ������ 1879 ��� �������� �� ��� ��������� �� ������ ��� ������ �� �� ��

��� ����� ���� ���� ��� ����� ������� ����� ������ ����� ���� ���� �� �������� ���� Forward Policy ����� ���� ��� ����� ������ ����� �� ���� ���� ���� �� ���� �� 1880 ��� �� �� ��� ���� ���

1 �������� ������� ����
Statutory Civil Service 1879

�������� ����� �� ������ �������� �� ���� ������ ���� ICS �� ���� ��� ��� ������� ��������� ���� ���� ��� ���� ��� �� ������ ��� ���� ������ �� �� �� ��� �� ���� ������ 1878 ��� ����� 19 ���� �� �� ��

���� �� ������ ����������� ������ �� ������� ��� ����� �������� ������ �� ���� ���� �� ��� ���� �� 1879 ��� ������� ������ ���� ���� ��

��������� ICS �� 16 ���� �� ������� ������� ������ ������ ��� �� ����� �� �������� �� ��� ���� ��

������ �� ������� ���� ��� ���� ��� ������� �������� ������� ����� ������ ���� �� ������� ��������� ���� �� ����� ��� ���� ��������� ���� �� �� ���� �� ����� ICS ���� �� ����� ���� ���� �� �� ���� �� ��� ������ �� ���� ���

2 ������ ��� ���� ���

����������� ����� ���� 1878 ���� �� ����� ����� ������� ������ �� ������ ���� �� ����� �������� ���� �� ���� ������� ������� ���� �� ����� ����� �� ������ �� ��� ����� �� ��� �� ������� ����� ����

��������� ���� ������������� �� ��������� �� ����� ������� ������ �� ������ ���� ��� �� �� ����� �� ����� ������ ������� ���� ��� �� ���� ��������� ���� ������ ���������� �� ������ ����� �� �� ����� ��� ���� �� ��� ������ ���� ��

������ �� ����� �� ���������� �� ���� ���� �� �� ��� ����� ���� ��� ���� ���� ����� **Gagging Act** ��� ��� ���� ������ ��������� ������ ���� ���

������ ������� **Arms Act 1878** ���� �� �� ������� ����� ���� ����� ��� �������� �� ��� ���� ������� �� ������ ���� �� ������� ����� ���

���� ��� ���������� ��� �� �� �� �� ������� ������� ����� �� ���� ���� ���� �� �� ���� �� ���� ��� ����� ������ ������ �� ������� ��

3 ������� ���������� ������� �� ���

������ �������� 1876 ����������� ������ �� ���� ���� ��� ������ ������� ��� ������� �� ����������� ��� �� ���� �������� ���� ������ �������� ������ ��

���� ���� ������ ������ �������� �� ICS ������� �� ������ ��� ���� 21 �� ����� 19 ���� �� ���� �� ����� �� ����� ���� ����� ���� ��� �� ����� ������ ����� ���� ������� ����� ���� �� ������ ���� �� ���� ������ �������� ������ �� ����� �� �������� ����

1880 �� 1890 ������ ����������� �� ��� �� ��������� �������

�� ��� �������� ���� �� ��������� ��������� ��� ���� �� ����� �� ������ ��� ����� ���� 1880–1884 �� ��������� ������ �� ����� ������ 1884–1888 �� ������������ �� ��� �� ���� �� ������ ��������� ���� �� ��������� �������� ��� ������� ����

1 �������� ���������� �� �����

������������ ����� ���� �� ����� **1882** ���� �� ����� ���� �� 1878 �� ������� ����� ����� �� ���� �� ���� �� ����� �� ������ ������ �� ����� �� ����� �� ����� ��������� ������� �� �������� ������ �� ���� ���� ��� �� ����� �� ���� �� ��������� �� ��� �������� �������� ��� ����

2 �������� �������� �� ��������� 1882

��������� ��������� ���� �� �� ����������� ��������� ������ ���� ���� ���� ��� ������� ������� �� ������ ������ ��� ���� ��

����� ���������

�������� ���� ������ ���� �������� ��� ������ ���� ���� ����� �������� �� �������� �� ��� ��� ����������� ����� ��

������ �������� ����� ���� �� ���������� �������� ��� �� ������� ������������ �������� �� ������� �� �� �� �������� ����� ��

�������� �������� ���� �� ���� �� ������������ �������� �� ����� �� ������� �� ����� ����� ��

������������ ������� ������� �������� �� ���������� �� ������������ �������� ���� �� ������� ������� �� ����� ��

3 ������� �����

���� ���� **1882** ���� �� 1854 �� ����� ������� �� ��� ����� ��� ������� �� ������ �� �������� ����� �� ��� �� ������ ����� �� ���������� ��� ���� ���� �������� ����

���������� ���� �� �������� �� �������� ������� �� ����� �� ����� ��������� ���� ���� �������� �� �� ����� �� ��������� ������ �� ������� �������� �������� �� ���� ���� ����� �� ���������� ��������� Vocational Training �� ���������

�� �� ���� ���� ������ �� ������� ��� ��������� �� ��������� ����

4 ����� ������� ������� 1881

�������� ������ �� ������� ������������ �� ����� �� ��� ������� �������� ����� ��� �� ������� �� ������ �� ������� ������ ��� ����� ����

��������

��� ���� �� �� ���� �� ������ �� ������ �� ��������� ����� ���

���� ���� �� �� ���� �� ������ �� ��� ��� �� ���� ����� ��� ��

��� ��������� �� ��� ����� ��� ��� ���������� �� ��������� ���� ���

������ �� ������ �� �������� ���� �� ����� �� �� ���� 100 �� ���� ����� ���� ��������� �� ���� ���� �� ���� ����� ��������� �� �������� ���� �� �� �������� �� ��������� �� ���� ���� ��� ���� �� ���������� ���� ���� ��� ��� �� �� ���� ��� �������� ���� �� �������� ���� ������ ���� ��

5 �������� ��� ����� 18831884

���� ������ ������������ ������ ����� �� ��� ��� ������ ���������

�� ����������� ���� �������� ����� ��� �������� �������� ������� �� ������� ����� ��� ����� �� �� ������� �������� ��� ������� ������ �� ������� ������� ��

����� ���� ����� ���� ��������� �� �� ������� �� ������� ���� �� ������� ������������� �� ����� �� ������� ����� �� ���� ������� ���� �� ��� �� ������� ��� ����

������������ ����� �������� **White Mutiny** ���� ��� �������� ������� �� ���� ����� �� ������� ������ ���� ��������� �� ������� ��������� ���� �� ������ �� ���� ���� ���� ����� ���� �� ������ ����

������ ������� ��� ������� ���� ��� ����� ���� ��� ��������� �� ������� �� ��� ����� ��� ��� ��������� ���� ��� �� �������� ������� ������� ���������� �� ������ ��� ��� �������� ���� �� ���� �� ���� ���

����� ��������� ����

���� ��� ��� �� ����� �� �������� ������� �� ������� ������� �� ������ ���� �� ��������� �� ���� ���� �� �������� ���� ������ �� ����� �� ������� ���� �����

������ ������� ��������� �� ����� ��� �� ���� ��������� �� ��� ����� �� ��� �������� ������ �� ���

������ ��������� ����� �� ��������� �� �� ������ ������� ���������� ���������� �� ��� �� ��� �� ������� ���������� ���

1 ������� ����������
��������� INC �� ��� 1885

������ �������� ��� �� ��� ���� ������� �� �������������� �������� �� ������ �� ��� �� ���������� ��� �� ��������� ������ �� ��

�� ����� �� ������ �� ������������ �������� ������ ���� ��� ���������� ������ �� ���� ������� ��������� ������ ������� ���� �� ��� �� ��������� �� ���� ���� ������� 1885 ��� ������� ��� ������� ���� ��� ������ ��������� �������� ������ ������� WC Bonnerjee �� ��

������� ������ ��������� **Safety Valve Theory**

�� ���� �� �� ��������� �� ������� ����� �� ������� �� ��������� �������� �� ��� ��� ������ �� ���� ������� ������� ���� ��������� ����� �� ������������ ��� �� ����� ���� ���� 1857 ���� ��� ���������� � ��

������ ���������� ������ ������������ �� ����� �� ��

�������� �� ����� �� �������� ������ �� ������� �� ������� ������ �� �� ����� �� ���� �� ��������� ��� ������ ���� ����� ������� ������ ��� ������ ����� �� ��� �� ���

������� ������ �������� �� ������� ������ ��� ���—���� ������ ������� ��� ���� ������������ ���� ��� �� ICS ������� �� ����� �� ����� ���� ��� �����

2 ����� ���������� ����� �� ���� 1885

���� ������� ���� ����� Upper Burma ��� ��������� ������ �� ���� �� �� ����� Teak �� ������� �� ����� ���� ����� �� ����� ����� �� ������� ����� �� ����� ���� ���� ������ ���� �� �������� �� ����� ���

������ �� ����� ���� �� ������ ��� 1886 ��� ���� ����� �� ������� ���� �� ������ ��� ���� ��� �� ������ ���������� �� ����� ������� ��� ��������� �� ����� ���� ��������� ��������� ��

1 ������ �� ����� ����

������� ���� ����� ����� �� ����� ���� �� ���� ������� �� ���� �����

���� ��� ��� ����� ����� �� ��� ����

���� ������ �������� ���� �� ���� ������� �� ������� ��� ������� �� ����� �� �������� �� ������� ��� �������� �������� ��������� ������� �� ��� ���� �� ������ �������� ����� ��� ����� ����� �� ���� �������� ������������ ����

1 ������� ������� �� ��� ����

���� ���� �� ���������� �� ���� ������ �� �������� ��� ����� �������� ������� �������� ��������� �� �� ���� ���� ������ ��� ������� ���������� �� ��������� �� �� ���� �� �������� ��������� �������� �� ����� ���� �������� ���� �� �� ������� ���� ��

2 ������� ����� �� ���

��� ����� ������� Age of Consent Bill ���� �������� �� 1880 �� ��� �� ��������� ��� ��� ���� ��� ����� ���� �� ���������� �� ���������� ������ �� ��� ����� �� ����� ����

3 ������� �� ����� ������

������� ��� ��� ���� ���� ����� ������ �� ��� ��� �������� �� ������� ���������� Microscopic Minority ���� ����� �� ���� ����� ������� �������������� ��� �� ���� ��� ���� ���

1890 �� 1900 ������� �� ��� �� �������������� ���

�� ��� ����� ������� �������� 1894–1899 �� ��������� �� �������� ������ �� ���������� �������� ����� �� 1885 ��� ��������� �� ��� �� ��� �������� �������� �� �������� ��������� �� ������� �� �� ����� �� ��� ������ ���������� ������� ����� ���

1 ������� ������ �������� 1892

������� ��������� �� ������ ������� �� ����� ��� ���������� �� ����� �� �� ��������� ����� ��� ������ ��������� ����� ����� �� ������ ��

�������� �� ���������

�������� ��� ������� ��������� �� ��������� ������� �������� ��� ��������� ������������ �������� �� ������� ������ ��

����������� ����� ���� ��� ������������ �� ��������� �� ������������ ��� �� ��� ����� ��� ��� ����� ��� ��������� �� ���� �������� �� ���������� �� �������� �� ��� ���

����� ������� ������� �� ������� ��� �� ����� ���� �� ������ ���� ��� ����� ����� �� ���� �� ������ ����� �� ������ ���� ����� ���� ������ ����� �� ����

������ �� ���� ��������� �� ��� �� ������� ���� ���� ������� ����� ���� ����� �� ����� �� ��������� �� ��������� ���� ��

1 18961897 �� ���� ���� �� �����

���� ���� ���������� ������ �� �� ���������� ��� �� ��� ��� ��

���� **18961897** ��� ���� ���� �� ���� ����� �� ���� ���� �� ���� ������ ��� ������ ���� ����

����� 1896 ��� ������ �� ���� ���� ��������� ����� ���� �� ������ ���� ��������� ��� ��� ���

���� ���� 1878 �� ���� ���� �� ��������� �� ������ ���� ������� �� ������������ ����� ���� ���������� �� ��������� ������ ��� ���� ��� ����� ������ ������� ���������� �� ���� �� ���� ���� �� ���� ���� ������ �� ����� ���

����� �� ������� ������� �� ����� �� ���������� ���� �� ���

���� ����� ���� �������� �� ������� ����� ���� ��� ���� �� ����� ����� �� ������� ������� ����������� �� ����� ��������� �� �� ���� ��������� �� ���� ��� ����� ��� ���� ���� ����� ��� �� ����������� ���

2 ������ �������� �� ������ ����

����� �� ���� �� ��� �� ����� ���� �� ���� ���� ������� ����� ��������� �� ����� ��� ����� �� ����� �� ����� ��� ���� ������ �� ���� ���� ������ �� ��� ����� �� ����� ��������� ������ ���� �� �� ����� ��

������ ��������� ������ �� ������ �� ���� �� �� ��������� �� ���� ��� ����� ��� ���� ����������� ������ �� ������� ���������� �� ���� ���� �� ��� ���� ��� ���� ����� ���� ���� ��� ��� ��

���� ���� ��� ��� ����� �� ����� �� ����� ���� �� ��� ��� ���� �� ����� ��� �� ��� �� ���� �� ����� �������� ��������� �� �� �� �� ���� ����� 18981899 ������ �������

���� �� ������ ������ �� �� ��� �� ������ ������������ �� ���

������� ����������� �� ���������� �� �������� ���������� �� ����������� �� ������� ������������� ������ ������ �� ��� �� �������� ��������� �� ������� �� ���� ��� ���

1 �������� ����
�������� ��������
������ �� ������

������������ �� ������� �������� ������� �� ���� ������ ���� ������� �� ������� ������ ���������� ��������� �� ������ ����������� Prayers Petitions Protests ��� ��������� ������ ������ �� �������� ���� �� ���� ������� �� ���� �� ���������� ���������� �� ���� ���� ������ ��� �� 1892 �� �������� �� ���

��������� ���������� ��� ������� ���� ����������� ���� ������ ��� ����� �� ������ ������ ��� ������ �� ���� ���� ������������ �� ��������� ��������� ������� �� ������ ����� �� ��������� ������� ��������� �� �������� ��������������� �� ������ �������� ��

������������ �������� ���� �� ���� �� ������� ���� �� ������������� �������� �� ������� �� ��� �������� ��������—������ ����� 1893 �� ������

����� 1895 �� ������������ ����� ���� ��������� ����������� �� �������� ���� �� ������ �� ���� �������� �� ����� �� ���������

2 ��������� ������������ ����������

������ ���� 1897 ���� ����������� ��� ������ �������� �� �������� �� ���� ������ �� ������������ 1897 ��� ������ ������ ������ �� ��������� ������� ������ �������� ��������� ���� �� ���������� �������� �� ������ �� �� ��

����� �� ����� ������ ����������� �������� ��� ������� ��������� ������ �� ������������� �������� �� ������� �� �� ���������� �������� �� ������ ����� �� ����� ������� �� ������� ��

���� �� ������ ��� ������� ���� �� ���� ������ ����� ����� ��� ������� ��� ������ �� ��� ��������� �� ���� ��� ��������� ���� ��� ������� �������� �� ��� ��� ������ �� �� ���� �� ��� ���� ��� ������ ���� ���� ������������ ���� ��� �� ��������� �� �� ���������� ������� �� ��� ��� ����

3 ������ ����� ��������

�������� �� ����� ������ ������ ������ �� �� ����� �� ���� �� ��� �� ������ ����� �� ������ ��� ������ �� ���� 124A ��������� �� ����� �� ������� ���� ��� ���� ���� �������� ������� �� �������� ���� ���� �� ��� �� ����������� �� ����������� �� �� ����� �� ��

1 ���� ���� �� �������

���� ������ �� ������ ��������� ������ �� ����� �� ������ ���������� �� ���� ������ �� ���� ������ �� ������� ��� ���� �� ��� ����� ���� ������� ���� ������ �� ���� �� ���� ���

����� ���� ��������� ������� **1900 Punjab Land Alienation Act** �� ����� �� ������� �� ���� �� ������� ��������� �� ����� ��� ���� �� ����� �� ��� ����� ���� ��� ��

1900 �� 1910 ��������� ������������ �� ���������� �� ������������ �� ���

�� ��� ����� ����� ������� 18991905 �� �������� ������� ��������� ���� ��� �� ����� ������� ��������� �� ����������� �� ��������� ��� ������� ���� �� ����� ���� ������� �� ���� ��� ���� ������ �������� �� ���� ����

1 ������� ����� �� �������

������ ������������ ������� 1904 ����� �� ����� �� �� �������������� �������� �������� �� ������ �� �� ���

���������� �� ������� �� ������ �� ����������������� ��� ������ ������� ��������� ����������� �� ������ ���� �� �� ����� �������� �� ������������� �� �� ���

������ �������� ���� �� ��� ���� ������ �� ����� �� ��������� ��������� �� �������� �������� ���� �� ������ ����

2 ���������� �����������

��������� ������������ ��������� 1899 ������ �� ��������� ������������ ��� ���������� ������� �������� �� ������� �� �� �� �� �������� �������� �� ����� ����� ��

������ ����� 1902 ������ ������ �� ��� ����� �������� ����� ��� ������ �� �������� ����������� �� ���������� ���������� �� ������ ������� ��� �� ����� ���

�������� ������� �������� �������� 1904 ������ �� �� ����������� ������� �� ����� ��� ������� ��������� ���������� ASI �� �������� ��� �� ������� ����� ���������� �� �������� �� ��� �� ������� ����� ���

3 ��������� ��������� �������� 1904 Official Secrets Act

������ �� �� ������ �� ������ ������� ������ ���������� ������� �� �� ������ �� ����� ������� ������� �������� ��������� ����� �� ������ ������ ��� ����� ��� �� ������ �� ����������� �� ����� ����� �� ����� ���������� ��������� �� ������� �� ����� �� ���

4 ������ �� ������� 1905

��������� ����� ����� �� ���� ���� �� ����� ������ ������ ����� �� ������ �� ����� �� 78 ����� �� ����� �� ��� ���� ���� �� �� �� ����������� ������ �� ��� ���� �������� ������� ���� ��

��������� ��������� ����� ������ ������������ �� ������ �� ����� �� ����� ������ ����������� ������ �� ����� ���� �� ��� ����� �� ������������� ���� �� �������� ���� ��

������� �� ����� 16 ������� 1905

������� ����� �� ��� �������� ���� �������� ����� �������� ���� ��

�������� ����� ����� ���� �������� ����� �������� �������� �� ���

2 ������������—������� �� �������� ������

����� ������� �� �������� �� ���������� ����� �� ���������� ����� ���� �������� ��� 16 ������� 1905 ������� �� ��� �� ��� ���� �� ��� ��� ����� ���

������ �� ��� �����

������� ������� �� ������ ������� ������� �� ������ �� ����� �� ���

�������� ��� ������� ������� ����� ��� �� ��������� �� ������ �� ������� �� ��� �� �������

��������� ������ ��������� �������� �� ���� �������� �� ������� ���� �� ��� ��������� ������� �� ������� �� ������� ���� ����� ����� �����

��������� �������� �� �� ������ ���� �� ������ �� ��� ������� ������� �������� �� ��������� ������� �� �����

�� ������� �� ������ ������ �� ���� �������� �� ������ �� ����� ������� ������� �� ���� ����� ���� �� ����������� ������ ����

������ ���������� ���� ������ �������� �� ���� ������ ���� ������� ���������� �� ������ ������ �� ���� �� ����� �� ���� ������� ������� ���� �� ���� �������� ���� �� ���� ����

1 �������� ���� �������� ������ ����

�������� ����� ����� ����� �������� ����� ������� �� ������ ���� ����� �� ����� ��� �������

���������� �� ���� �������� �� ������ ��� �� ���������� ������� �� ������ ����

��������� ���� ���� ���� ����� ��� ���� ��� ������� ������ ������� �� ������� ������ ���� ��������� �� ���������� ��������� �� ��� ���� ��� ������� �� ������ �� �� ������������� � ���������� ��������� ��� �������� ������

2 ���� ������� 1907

���������� ������ ������ �� ��� ������� ��������� �� �������� �� �� ��� �� ��������� ��������� �� �������� �� ����� ��� �� ������ ���

������� 1907 �� ��������� �� ���� ������� ��� ������� �� ���� ���� ����� ��� ��������� �� ������ ��� ������� �� �� ��������� �� ��������

���� �� ������� �� ������� �� ���� ��� �� ��� ���������� ������� �� ����� ��� �� ������ �� ���� ��������� �� ������ ����������� �� ��� ���� �� ������������ �� ����� �� ���� ������ ������ ���� ���� ������� �� ������� �� ��� ��� ���� ���

1 ������������� ��������
�� ����

������� ��� 1906 ������� ����� ������ ����������� ��� ���� �� ��� ��� �� ������� ��� ������� ����� �� �� ������������� �� ����� ��� ����� �� ������� �� �� ��������� �� ��� ���� �������� ���� Separate Electorates �� ���� ��

������� �� ������ ������� ��� AIML �� ������� ������� ������ 1906 ��� ���� ��� ���

����� ������ ��� �� ��� ���� ��� ������� ����������� ������� �� ���� ���������� �� ���� ������� �� ��������� �� ������� ���� �� ������ �� ������ �� ��� ����� ����� ������ �� ���� �� ������ ��� �� ���� ����

2 ������������� ��������
������������ ������

������ ������ ����������� �� ������ �� ����������� �� ��� �� ��� ��������������� �� ���� ������ �� ������ �� ������� ������

������� ����� ����� ��� �� ������ �� ����� �������� �� ��� ����

���������� �� ���� 1908 ������� ��� �� ��������� ���� �� �� �����

������� ����������� ������������ �� ����� �� ������� ���� �������� ��� �� ����� �� ������� �� �� ����� ���������� ��� ����

1 ������ ����� ������� 1909 ���������� �����

�������� �� ������� �� ������� ������� �� ������� �� ��� ������ ��� �� ����� ����� ������ ������� �� ��� �������� ���� ��

����� ��������

������������ ��� ������� ������� ��� ��������� ������������ �������� �� ������� ����� ��

�������� �� ����� ��� ���� ������� ���� ��� �� ������� ������ ���������� �������� ������� �� ������� �� ���������� ������ ������� ������� ����� ����� ������� ��� �������� ���� ���

���� �������� ���� ����� ��������� ��������� ���������� �� ��� ���� ��������� ���� �� ������� �� ���� ���� �� �� ��� ��������� ���������� ��� ���� �������� �� �������� ������������� �� ��� ��� �� ���� ��

���� �� ������� ������� �� ������� ���� �� �� �������� �� ���������

������ ���� �� �� �� ���� ���� �� ���� ��������� ���� �� ��������� ��������� ��� ��������������� �� ��������� ��� �� ���� �� ����� ���������� �� ���� �� ���� ���

1910 �� 1920 ����� ����� �� ��� �� ����� �� ���

�� ��� ����� ��������� 1910–1916 �� ����� ����������� 1916–1921 �� ��������� ���� �� ����� ����� ����� �� ������ �� ����������� ��� �� ������� ����� �� ��� �������� �������� ���� �� ����� ����

1 ������ ����� �� ������� �������� 1911

���� ���� ����� ���� ���� ��� ���� ������� ������� ������ �� ����� ���� �� ������ 1911 ��� ������ ��� �� ���� ���� ����� �� ����� ����

������� �������� �� ��������

����� ������ �� �������� ����� �� ��� �� ������ ���� ��� �� ������� ������ �� �� ���� ��� �� ������� ��� ��� ����� �� ������ ���� �� ������ ���� ��

������� �� ���������� ������� ���� �� ������� �� ������� �� ����� ������ ������������ �� ���� ���

���� ������� ����������� ���������� �� ������ �� ��� �� ������� �� ������� �� ��� ���� �� ���� ����� �� �� �������� �� ����

������ �� ��� ��� ������� �� ��� ���� �� ��������� �� �� ������ ���� ���

2 ����� ����� ����� 1914–1918

������ ������ ������� ���� ������� ����������� ������ �� ����� ��� ��������� �� ���� ���� ������ ���� ������ ��� �� ������� �� ���� ����� �� ��� ������� ������� ����

���� �� ������ �� ����

������� 13 ��� �� ���� ������ ������� �� ������� ��� ���� ��

������� ��� ���� �� ����� �� ��� ���� �� £100 ������ �� ����� �� ������� ����� ��

������ ������ ������ ����� �� ���� ���� ������������ ������ ��� �� ������� ��������� ��� ���� ����� �� ���� ���� ��� ���� ��� ���� ���

����������� ���������� �� ����� ����� ��� ��� ������ ��� ����������� �� ���� ������ �� ������� ��� ���� ��� ������� ������� �� ����� ���� ������� �� ��� ���� ���

1 ���� ������ 1916

�������� �� ��������� 1914 ��� ���� ���� ��� �� ���� ��� �� ����������� ���� �� ���� 1916 �� ���� ������� ��� ��� �� �� ��� �� �� ��� �� ������ �� ��� ���� ��������� ������ ��� ���� �� �� ����� �� ��

������������ ���� ���� ����������� ��������� ���� ������ 1916 ��—�� ������ ��������� �������� INC �� ���� ������ ������� ��� AIML �� ��� ��������� ������� �� �� �������� ����� ��

�������� �� ������ ��������� �� ������� ��� �� **���� �������� ����** Separate Electorates �� ���� �� ������� �� ���� �� �� ��� ������ �� ����� �������� ��� �� ����������� ������� �� ����� ������ ��

������� ���� ����� ������ �� ����� �� ��� ���� �� ��� �������� �� ������� ���� �������� ��

����� �� ������ �� ������ ����� �� ����� �������� ��������� �� ���� �� ��������� ���� ����� ���� �������� ���� �� ������� ���� �� �������� ��������� ��� �� ����� ���

2 ��� ��� ��� ������ 1916–1918

������ ����� �� ������������ �� ���� �� �������� ���������� �� ���� ���� �� ��� ��� ��� �� ������� �������� ����

������� �� ��������� ��� ���� �� ���

���� �� ��� ���� ���� ������ ������������ �� ����������� ��� ���� ��� ����� ����� ����� ��������� �� ��

��� ������ �� ��� ��� ��� ���� ��� ����� ��� ���� �� ��� ����

������ �� ������ �� ����� �� ����� ������������ ���� �� ���� ��� �� ����� �� ��� �� �� ������ �� ��� ���� ����� �� ����� ������ ��� �� ���� �� �� ���� �������� �� ����

1 ����� �� ��������� ��� 19151916

����� ������� ����� 1915 ��� ������ �������� �� ���� ���� ���� ��������� ���� ����� ����� ����� �� ���� �� ��������� ���� ��� ���� ���� ���� ������ �� ������ ���������� �� ������� ����

������� ����� 1916 ��� �������� ��������� �� ��� �������� ����� ��

������� �� �� ���� ����������� �� ������ ������� ���

2 ��������� �� ���������� ������� 1917–1918

������� �� ��������� ���� �� ������ �� ������� ��� �� �� ���� �� ������ �� ������� ������� �������� ��

��� ������� ������ ������ �� ����

������ ��������� **1917**����� ������� �������� ������� �� ����� ���� �������� ����� ����� ������� �� ���� 320 ���� �� ��� ������ �� ��� ������ ���� �� ������� �� �� �������� �� ������� ������

�������� ��� ������ **1918**������ ������ ���� �� ���� ��� �������� �� ��������� �� ��� ����� ������� �� ���� ��� ���������� ���� �� ��� ��� ������ �� ������� �� ������ ����

����� ��������� **1918**������ ��� ���� ���� �� ������� ����� ������ �������� ������ ������. ���� �� ����� ���� �� ����� �������� �� �������� �� ���� � ���� �� ������� �� ������ ����

����� �� ��������� �� ������� �� �� ��� ���� �� ��� ��� �������� ���� �� �� ���� ������� �� ��������� ��

���� ���� �� �������� ��������� ������ �� ������� ������ ���� �� ����� �� ������� ����� �� �������� �� ������ ����

1 ���� ���� 1919

����� �� ��� ��������������� ���������� �� �� �� ��������� �� ����� ���� ��� ���� �� ����� �� ����� �� ���� �� ������� �� ���� ������ �� ��� ��� ����� �� ������ �� ��� ���� ����� ��� ��� �� ���� ����� �������� �� ������ 1919 ��� ���� ���� ���� ������ ��������� ���� ����

2 ���������� ��� ��������� 13 ������ 1919

������ ��� ����� ���� �� ����� ��� ������ �� ��� �� ���������� ���� ��� ��� �� ���� ���� �� ������� ���� �� ��������� ������� ����� �� ���� ���� ����� ������� ��� ���� �� �� ������� �� ���� ��� �� ���� ���� ����������� ����� �� ����� ��� ���� ������� Knighthood �� ����� ����� ��

3 ���� ����� ������� 1919 ������������������� �����

�� ������� �� ��������� ��� ����� ���� Dyarchy �� ������ ��

����������� ���� **Transferred** ������ ���������� ���� ���� ������ ���������� �� ��������� ��� ��� ��

�������� ���� **Reserved** ����� ����� �� ������� ���� ���������� ���� �������� ������� �� ��� �������� ��� ��������� �� �� ������� �� ���������� �� ��������� ����� ��� ����� �� ����

1920 �� 1930 �� ������� �� ����� ������� �� ���

�� ��� ������� ����� �� ������� ��� ��������� �� �� �� ����� ��� ����� �� ������� ���

1 ������ �� ������ ������ 1920

�� ������ ��� ����� ������ �� ���� ���� ���

������ �� ������ ����� ����� ����� �� ��� ������ �� ����� �� �� �� ������� ���� �� �������� ����� �� ����� ������ ��������� �� ���

����� �� ������ ���������� ��� �� �������� �� ����� � ����

������ �� ����

��������� ������ ������� ������� �������� ������ ������ �� �������� �� ��������� ����

2 ������ �� ����� �������� 1922

����� 1922 ��� ������� ���� �� �������� ��� �� ���� ���� �� �� ����� ������ ��� �� ��� �� ������ 22 ����������� ���� �� ����� ������ �� ��� ���� ���� ������� �� �����

���� ������ ������ �� ������ �� ����

3 �������� ������ �� ���������

������ �� ����� �� ��� �������� �� ������ ��� ��� ��

�������� ������ ����������� ���� ��� �� ������� ������ �� ������� ��� �� ���������� �� ���� ���� ����� �� ������ ��� ���� ����� ����� ��

��������� ������������� ����� ���� �� �������������� �� ������� ��� �� ���� ��������� ������� ���� ������ ������ �� ����� �������� ���� ����� ��

1 ���������� ������� �� ���������

���������� ��������� �������� **HRA** 1924 ��� �������� ������ ���� ������ ����� ����� **1925**

��� ���� �� **HSRA** 1928 ��� ��������� ���� �� ��� ���� �� ��� ���������� ��������� ���������� ��������� �� ��� ��� ���������� ����

������ ����� �������� �� ����� ���� ����� ��� �� ������� �� ����� �� 1929 ��� �������� �������� ��� �� ������ ���� ����� �� ������� �� ���

2 ����� ����� 1927 �� ����� ������� 1928

����� ����� 1919 �� ������� �� �������� �� ��� �� ��� �������� ���� ���� ��� ������� �� �� ������ ����� ���� �� ���� ���� ��� ������ �� ��� �� ����� ���

������� ������� ���� ���� �� ������� �� �������� ����� �� ���������� ��� �� �������� �� ����� ����� ���� ��� ������� �������� ������ ��������� �� ������ �� ���� �� ��

3 ����� ������ �� ����� 1929

������ 1929 �� ����� ������� ��� ��������� ����� �� ���������� ��� �������� �� ��������� ��������� ����� ����

�� ������� ��������� ������� ���� ����� ����� ������ Complete Independence ����

26 ����� **1930** �� ���� ���������� ���� ����� ���� ���

������� �� ������� ����� ����� �� ����� ������ ������� ������ ���� ������ ��� �� �� ������� ����� ���� ��� ����� �� ��������������� ������ ������ �� �� ���� ����� �� �������� ��� �� ��� ������ ��� �� ��� �� ����� ������ ������ ���� �� ���� ����� ����� �� �� ������ �� ����� ����

2 ����� ����� �� ����� ������ ������ ����� 1930

����� ������� �� ��� ����� �� ������� ���� ����� ������ ������ CDM ���� ���� ��� �� ��� ������ �� ����� �� ���� �� �� ���� �� ��������� ���� ��

�������� ������� �� ���� 78 ������� ������� ������� ����� �� ���� ���� ����� �� 240 ��� ���� ��� �� 6 ������ 1930 �� ������ ������ ������ ���� �������� ��� ����� ����������� ��� �� ����� �����

������ ��� ����� �� ������� ��� �� ��� ���� �� �� �� ��� ��� ��� ���� ��� �������� � ���� �� ������� �� �������� �� ������� ���� � ������ �� ��������� ���� ������� ����� ��� ����� ������ ���� ���

������ �� ������ ��� ������� �� ������� ����� �� ���������

�������� ���� �� ����� ���������� �� ����� ����� ��������� ������ �� ��������� ����

1930 �� 1940 ����� ������� �� ������ �� ���������� �������

�� ��� ������� ������� �� ��������� ����������� �� �� �� ��� ��� ��������� �� ����������� ������ �� ���������� ������ ��� ��� �� �� ������������� ������� ����� ��� �� ������� �� ���

1 ������ ������� �� ��������� 1930

������ ������ �� ��� ������� ����� �� ����

�� ���������� ����� ������� ��� �� �������� �� ��������

������� ������� ����� �� ������ ��� ���������� �� ������� � �����

��� ������� ������ �� ������ �� ������� ����� �� ����� ��� ��������� ������� ������ ������ ����� �� ��������� �� ����� ����� ����� ��� �� 90000 �� ����� ��� ����������� ���

2 ������� ��������� 19301932

������ ������� �� �������� �� ������ ��� ��������� ������ �� ������ ������ �� �������� �� ������ ����� �� ���

���� ��� ������ ���������� RTC �� ����� ����

����� ������� 1930 �������� �� ���� �������� ���� ����� �� ������� ���

���������� ������ ����� 1931 ������� ����� �� �������� �� ������ ��� ���� �� ��� ������� �� ��� ������ ���� �������� ������ ������ ���� �� ����� ������� ��� ��� ���� �� ���� ��� ����� �� �������� ������� �� ���� ���� �� ���������� ���� �� ������ ��

������� ������� 1931 ������� �������� �� ������� ��������� �� ��� ��� ����� ��� ����������� ������������ �� ������ �� ������ ���� ��� �� ������� �������� ���� ����

����� ������� 1932 �������� �� ��� �� ���� �������� ����

3 ��� ������� �� ����� 19321934

������� �� ���� ����� ������ �� ����� ��� ���� ���� ����� �� ������� ����� �������� �� ��� ������ �� ��� ���� ���� �������� �� ������ ��� �� ���� �� ���� 1934 ��� ������ ������ �� ���� ���

2 ���� ����� 1932

���� �� ������ ������� �� ������ �� ��� ���� �������� ���� Communal Award �� ����� ������� ���� �� ��������� ������ �� ��� �� ���� ���� ����

������� �� ����� ����� ��� ��� ������� �� ���� ����� ��� ���� ���� ���� ����

������ ������ 1932 ���� ���� �� ��� ������� �� �� ���� ������� �� ��� ���� ����� ���

������ ������ �� ��� ���� �������� ���� �� ���� ���� ��� ����� ���� ���� �������� �� �������� ����������� ��� ���� ������� ����� �� ������ ���� �� ������ �� �� �� ������� ������� �������� ���� �� ������ �� ��� ���� ��

����� �� ��������� ���� �� ��� �� ������� ������� �� ������� �� ��� ����� �� ��� ������� �� �� ������ ���� ��

1 ������� �� ����� ��������� 1935 �� ���� ����� �������

���� ������ ��� ����� ������� ���� �� �������� �� �������� ��

������ �� ��� ����� �� �������� �� �� ��� ���� ���� ���

�������� ����������� ���� ����������� ��������� ��� ����� ���� �� ������ �� ���� ��� �� ��������� ����������� ���� �� �� ����� ������ ������ ���� ��� ��������� ������� �� ��� ��������� �� ��

������ ��� ����� ���� ����� �� ������� ������� ���� �������� ���� ������� �� ��� ��� �� ���� ����������� ���� ������� ��������� �� ��� ��

�������� �� �������� ��� ���� �� ������ 3% �� ������� ���� 14% ����� �� �� ���� ���

������������ ��������� �� ��� ����� ������������ �� ���� ���� ���� ���� ��� ���� �������� ��� �� �� ���� ������� �� ����� ����� ����� �� ��� ����� �� ��

1 1937 �� ����

���� ��������� �� 11 ��� �� 8 ��������� ��� ���� �������� ����� ������� ��� �� ��������� ���� ���� ���

�������� ����������� �� ����� 28 ����� �� ����

������ ���������� ����� �� �� ��������� ���� �� �� ��������� �������� �� ���� ���� ���

���� ����� ����������� �� ���� ���� �� ��� ����� ����� ��� ��

������ �������� ������� ����������� ����� ������� ����� ��������� ������ ���� �� ��

3 ����� ���������� ���� ���� �� ������

1937 �� �������� �� ��� ��������� �� ���� �� ���� ��������� ��� �������� ��� �� ��� ������� ������ ������ �� ������ �� ���� ������� �� �������� ��� �������� ��� �� ����� ������ �� ��������� �� ���� ��� ���������� �� ��������� �� ��� �� �� ������ �� ������ �� ���������� ��������� TwoNation Theory �� �� ��� ��

1 ����� �� ������ 1939

����� ������ 1939 ��� �������� ����� ��������� �� ��������� ������ ��� �� ���� �� ������ ��������� �� �� �������� ��� ���� ������� ������ �� �� �� ���� ���� ������ �� ��� ������ ��� ��

��������� �� ���� ��������� �� �� ������ ��������� �� ���� ����� ���� ��������� ���� �� �� ��� ������� ��������� �� ����������� �� ��� ��� ��� �� ���� �� �� ���� ���� �� �� ��� ����� ���� �� ��������� ������ ���� ������ �� ������� ��� �� ��������� ���������� ���������� ������ �� �������� ���� ������

2 ���������� �������������� �� �������� 1939

����� �� ������������ ��������� �� ��������� �� ������� �� ������ �� ������ �� ����� �� ����� ������ �� ������� �� ���� �� ��������������� ������ ������ �� ���������� ���

������ �������� ������� ������ �� �������� �� ������� �� ������ ����� �� ������ ��� ��������� ������������� �� �������� 1939 ��� �� ��������� �� �������� �� ����

��� �� ������������� ������� �� ���������� �������������� �� ���������� �� ������� ���� **Day of Deliverance** �� ��� ��� ������ 22 ������� 1939 ������ ������������� ��� �� �� ���� ����

3 ����� �������� �����
1940

���� ����� 1940 ��� ����� ��� ������� ��� �� ������� ������� ��� �� �������� ����� ���� ��� ������ ���� �� �� �� ����������� �� ����� �� ������� ���� ��������� �� �������� ������� �� ��� ��� ������ ���� ���� ����� ������� ��� ��������� ��� �� ������ ��� �� ������ ���� ���� ��� ��

����� �� ��������� �������� �� ������� ��� �� ������ �� �� ������� ���� �� ���� ��������� ������� ������� ���� �� ����� ���������� �� ������ �� ���� �� �� ���� ����

1940 �� 1947 ���������� �������� �� ����������� �� ���� �� ������

�� ��� ����� ��������� ����� ����� �� ����� ������� ����� ��������� �� �������� �� �� �� ������ ��� ���� �������� ��������� �� �� ���������� ������ �� �� �������� ���������� ��� ��� ���

1 ����� ��������� ����� 1940

�������� ����� ����� ��� ���� ������ �� ����� ���� ��� ���������� �� ��������� �� ������ �� ���� ����� �� �������� ��������� �� ��� ��������� �� ������ ��

��������� �� ���������� ����� �� �������� ������� ��������� �� ����� ��

����� �� ��� �������� ����� �� ��� �� ������� ����� �� �������� �� ����

����������� ���� ���������� �� ���� ���� �� �� ���� �� ��� ���� ��������� �� ������ ������������ ���� ������� ����� ����� ��� ���������� ����������� ����

������� ��� �� ��� �� ��������� �� ��� ������ �� �����

2 ��������� ���������� 19401941

��������� ����� ��������� ��� ���� ���� ����� ����� �� ����� ���� ����� ���� ����� �� ��� ���������� ���������� ���� ���� ���� ��������� ����� ���� �� �������� ����������� �� ����������� �� ������ �� ��� ���� �� ������ ������ ���� ���� ����������� ���� �� ���� ��� ��������� �����

3 �������� ���� ����� 1942

����� ������ ���� ���� �� �������� ���� �� ���� �� ����������� �������� �� ���� ���� ���

��������� ����� �� ��� �������� ������ �� �� ��������� ���

������ �� **������** **Optout** ��� �� ������ ���������� ������ ��� �� ���� ���� �� ��� ��� ����� �� ������ ��� ���� ��

��������� ��������� �� ��� ������ �� ��������� �� ���� ����� �� ���� �������� �� ��� **���������** ���� ���� ���� �� ��������������� ��� **Postdated cheque on a failing bank** ���

1 ��� ����� ������ ����� 1942

������ �������� ���� �� ������ �� ������� ������� �� �� �� ��� ������� �� ������� �������� ��� ���� ��������� ��� �� ��� �� ���� ���� �� ���� ������ ������� ���� ����

�������� �� ���� ������� ������ ��� �� ��� ��� �� ������ ��� ��� ���� ������� �� ��������� �� ���� ���

�� ������ �������� �� ��� �� ���� ������ ������ �� �������� �� ��� ����� �� ������ ������� �������� �� ����� ��������� �� ���� ����

������� �������� ����������� �� ����� ���� �� ������ �� ������ �� ��������� ���� ���������� ��� ����� �������� �������� �� ���

��� ������ �� ���������� �������� �� ��� ������� �� ������ �� 1 ��� �� ���� ������ �� ��� ��� ��� ����

2 ����� �� ���� 1943

���� �� ������� ��������� �������� �� ����� �������� �� ���� ����� ��� ���� ���� ���� ������� ���� 25 �� 30 ��� ��� ���� �� �� ����������� ��� �� ���� ���� ���� �������� ����������� ��� �� �� ��

1 ����� ����� �� ����� ������� 1945

����� ����� �� �� ������ ��������� ����� �� �������� ��� ������ ����� ������� �� ��������� �� ���� ������������ ���� �� ��� ��� �� ����� ������� ����� ���� ��� ������� ������ �� ��� �� �� ��� ������� ������� �� ����� ���� �� ������� ������ ������� ��� �� ���� �����

2 ������ ������� ����� 1946

������ ��� ���� ������ ���� RIN �� ������� ���� ��� ������� ��� ��� ���� ��� ����� ���� ��������� �� ���� ���� �� �� �� ���������� �� ������ �� ��� ������ ������� ���� �� ������ ���� �� ����

1 ������� ���� ����� ����� 1946

������� ������������ �������� ���� �� ���� �� ���������� ���� �� ��� �������� ���� ����

�������� ���� ��������� �� ���� �� ����� �� ���� �� �� ���������� ��� �� �������� ���

��������� ��������� �� ��� ������ AB �� C ��� �������� ���� ����� ��

������� ������ ������ �� ������ �� ��������� ���� ���� �� ������ ������� ������

������� ������ �� �� ����� �� ��� ������� �� ��� �� ��������� ��������� ��������� �� ����� �� ����� ������� �� ��������� ����� �� �� �� ��������� �� ��� ��������� ��������� ���� Direct Action Day �� ������� ���� ������ 1946 ������ ���� ������������� ���� ���� �� ��

1 ���������� ������ 3 ��� 1947

������ ������ �� ������ ��� ������ ���������� �� ������� �� �� �������� ������� ����

���� �� ���������� �� �� ��������� ��������� ��� ������� �� ���������

������ �� ������ �� �������

������� �� ��������� �� ��� ��������� ���� �� ���������

2 ������� ����������� �������� 1947

�������� ���� ������� ������ �� �������� ��

15 ����� 1947 �� ���� ��� �������� ���� ������� ������ ����

��������� �� �� ������� ���������� ������� �� ��

3 ���������� �� ������ ����� 1947

���� �� ������ ���������� �� ���� ������ �� �������� �� ��� ��

��������� ���� ���� 15 ����� ����� �� ��������� ��� �� ���� ������ �� ���� ���� ���� ������ ��

������������� ������ ������ ��� ���� ��

��� ������ 1415 ������ 1947 �� ����������� �� ���� ���� ��� ��������� ������ �� ����� ��������� ����� �� ������������ **Tryst with Destiny** ���� ����

��������� 19401947 �� ��� ������ ����������� �������� �� ����� �������������� �� ���� ����� ������� �� ������ �� ����������� ����� ���� ������������ �������� �� ��� �� ������� �� �� ������ ����� �������� �� ������������ �� �������� �� ������ ������� �� ���� ������ �� ���

Don't miss out!

Visit the website below and you can sign up to receive emails whenever sodha iqbal Kasam publishes a new book. There's no charge and no obligation.

https://books2read.com/r/B-A-VOVXE-CQRBJ

BOOKS 2 READ

Connecting independent readers to independent writers.

About the Author

Sodha iqbal Kasam Avant-Garde & UPSC educator

Avant-Garde: A-Z Complete ArticleWise Analysis

I bring you "The Archives of the Abyss"—unsinkable truths that history forgot. My writing has zero punctuation by design. This is my Anti-AI Shield. While machines are slaves to grammar, my human thought flows without limits. No AI can replicate this raw stream. This is pure, unfiltered human intelligence for those who seek the truth beyond the system.

www.ingramcontent.com/pod-product-compliance
Lightning Source LLC
LaVergne TN
LVHW040437051026
849517LV00002B/651
* 9 7 9 8 2 2 4 9 9 2 8 7 4 *